U0856898

政治与哲学

—

马克思主义视域下的社会主义核心价值观研究

李龙强 著

人民日报出版社
北京

图书在版编目（CIP）数据

马克思主义视域下的社会主义核心价值观研究 / 李龙强著 . —北京：人民日报出版社，2021. 2
ISBN 978 - 7 - 5115 - 6879 - 3

Ⅰ. ①马… Ⅱ. ①李… Ⅲ. ①社会主义核心价值观—研究—中国 Ⅳ. ①D616

中国版本图书馆 CIP 数据核字（2021）第 013226 号

书　　名：马克思主义视域下的社会主义核心价值观研究
MAKESIZHUYI SHIYU XIA DE SHEHUIZHUYIHEXINJIAZHIGUAN YANJIU
著　　者：李龙强

出 版 人：刘华新
责任编辑：周海燕　马苏娜
封面设计：中联华文

出版发行：人民日报出版社
社　　址：北京金台西路 2 号
邮政编码：100733
发行热线：（010）65369509　65369846　65363528　65369512
邮购热线：（010）65369530　65363527
编辑热线：（010）65369518
网　　址：www. peopledailypress. com
经　　销：新华书店
印　　刷：三河市华东印刷有限公司
法律顾问：北京科宇律师事务所　（010）83622312

开　　本：710mm×1000mm　1/16
字　　数：203 千字
印　　张：15
版次印次：2022 年 9 月第 1 版　　2022 年 9 月第 1 次印刷

书　　号：ISBN 978 - 7 - 5115 - 6879 - 3
定　　价：95. 00 元

目　录
CONTENTS

第一章　马克思主义价值观概论

“哲学家们只是用不同的方式解释世界，而问题在于改变世界。”马克思、恩格斯围绕应该建设一个什么样的人类理想社会、怎样建设这样的人类理想社会开展了自己的理论探索。马克思、恩格斯坚信，未来社会“将是这样一个联合体，在那里，每个人的自由发展是一切人的自由发展的条件”。习近平总书记指出，“马克思主义博大精深，归根到底就是一句话，为人类求解放。”马克思主义系统研究了人类解放的科学内涵与重要意义、人类解放的一般规律与基本条件、人类解放的成功道路与政策策略，马克思主义是迄今为止最科学最完备的人类解放学说。马克思主义科学分析了实然已然的人类社会的发展规律，精心建构了应然未然的人类社会的价值图景，严谨谋划了把实然而不理想的人类社会改变成为理想而实然的人类社会的发展战略。

马克思主义价值观是马克思主义理论体系的重要组成部分，是关于应然未然的人类社会的价值图景的理论。早在学生时代，马克思就树立起为全人类幸福和人的自身全面发展而劳动的崇高理想，

《青年在选择职业时的考虑》和《博士论文》是其最具代表性的两篇论文之一，这是马克思主义价值观的初步萌芽。马克思主义价值观建立在对社会发展客观规律和无产阶级历史使命的正确认识基础上，以推翻资产阶级的政治统治，消灭人剥削人、人压迫人的社会制度，建立社会主义和共产主义社会为最高理想和目的。它反映了近代以来社会历史进步的必然趋势，反映了工人阶级和广大劳动群众的利益、愿望和要求，继承了历史上一切进步价值观的因素。社会主义核心价值观是中国共产党人将马克思主义价值观中国化的理论成果，马克思主义价值观是社会主义核心价值观的理论渊源。从整体上把握马克思主义价值观对于坚持社会主义核心价值观的马克思主义属性具有重要意义。

一、马克思主义价值观的产生和发展

马克思主义价值观的产生和发展与马克思主义思想的产生和发展是密不可分的。马克思主义价值观以人类实践活动为基础，通过对人类实践活动的研究和对以前的哲学家思想的借鉴而创立，并随着人类社会的发展而不断地发展完善。要研究马克思主义价值观，就要了解它产生和发展的过程。

（一）价值与价值观

价值和价值观是两种不同的概念。价值是指事物或者现象对于人来说能够满足人的某种需要，即其对人而言的某种有用性，是主体和客体之间的一种特定关系。对于主体而言，一种物体可以满足他的需要，就是有价值的；如果一种物体本身的属性，不仅不能够满足主体的需要，反而对于主体的发展具有消极作用，那么它对于主体来说就不具有价值，甚至是有害的。价值不是实体，它包含两方面的内容：一方面是主体即人的需要或者要求；另一方面是客体即物的某种属性、性质或者结构。评价一事物是否具有价值，不仅仅依靠人的需要，还要考虑它的客观基础，即事物自身的某种属性或者性质。一事物是否能够满足人的需要，首先就看它所具有的属性，而这一事物是否具有这种属性完全是客观存在的。价值的客观基础除了上述的事物的属性和性质以外还有人的因素，现实中，人的需要是复杂多变的，不同的个体有不同的愿望和要求，但是在一定时期，人的需要和要求总是有限的，它受到社会物质生产发展水平的制约。人的需要的满足并不是仅仅依靠从自然界获取现成的东西，还要依靠加工制造生产出来的产品，而在一定的时期内，科学技术的发展水平是有限的，因而人的需要和要求以及满足这种需要和要求的程度会受到他所处的时代的限制。政治经济学中价值是凝结在商品中的无差别的人类劳动，哲学上，价值则是指通过主体的活动对对象进行改造，以使其满足主体的某种需要。无论是经济学中的价值还是哲学中的价值，它们都有一个共同点，即都与人的实践活动有密切的关系。主体通过自身的活动对对象进行了某种改造，由此客体实现了对主体的价值。

价值观是指人对价值的一种观念，是人在实践活动中对于客体所具有的价值的根本看法，它对于人的实践活动起着引导和制约的作用。人的价值观的形成受到一定社会的政治、经济以及文化等的影响，处于不同的社会形态下的人们所具有的价值观是不同的。马克思主义的价值观起源于19世纪40年代，它为无产阶级指明前进方向，引导人们了解世界，并运用正确的方式来改造世界，是在实践中形成和发展起来、并经过实践检验的理论武器。马克思主义价值观最终要实现的是全人类的解放，它从意识形态角度引导人，通过人的实践活动一步步摆脱外在的条件对人的束缚，最后达到其终极目标——共产主义社会。

（二）马克思主义价值观的发展过程

19世纪，工业革命促进了生产力的发展，资本主义在历史舞台上取代了封建主义。它的高速发展造成了社会矛盾日益尖锐化，随之工人起义爆发。这是马克思主义产生的一个条件。马克思主义价值观随着马克思主义的产生而产生，它与人的实践活动密不可分，代表的是最广大的无产阶级的利益，指引他们发展的方向。

1. 马克思主义价值观的萌芽时期

《德谟克里特的自然哲学和伊壁鸠鲁自然哲学的差别》是马克思价值观思想萌芽时期的代表作。这篇论文阐述了最初的关于马克思主义价值观的思想。马克思通过对德谟克里特和伊壁鸠鲁学说的对比，尤其是对两个人的原子学说的对比，指明了德谟克里特与伊壁鸠鲁学说的差别，驳斥了学界对伊壁鸠鲁的错误批判。他十分赞同伊壁鸠鲁的无神论和原子偏离学说，认为“伊壁鸠鲁的原子偏离学说就改变了原子王国的整个内部结构，因为在偏斜中形式的规定显现出来了，而原子概念中所包含的矛盾也就实现了”。[1]马克思非常重视意识的作用，在批判德谟克里特的原子学说时说：“他在排斥中只注意到物质……运动被设定为自我规定。”

在这个时期，马克思的思想深受伊壁鸠鲁的影响，他通过对无神论、原子偏离学说以及必然性、偶然性等的探讨与支持，表达了对于人的自由的认同，他认为人可以通过自我意识，自由地选择自己的生活，人们在改造世界的活动中，不仅要尊重客观规律，而且要运用自我意识，在观念中对对象进行改造，制定相关的活动步骤，科学地改变世界、创造世界。

2. 马克思主义价值观的发展时期

与发展时期有关的主要著作是《〈黑格尔法哲学的批判〉导言》和《1844 年经济学哲学手稿》。在这两部著作中，马克思对宗教和德国进行了批判，对价值观的问题做了更进一步的研究，并且阐述了完整的共产主义思想。

在《〈黑格尔法哲学的批判〉导言》中，马克思首先批判了宗教。他认为宗教是“精神鸦片”，给了人们虚假的幸福，因此必须驳斥它。其次，他批判了德国的政治制度、国家哲学和法哲学。他指出，德国的政治制度不符合社会发展的现状，“是一个时代错误”，德国的法哲学和国家哲学的发展水平远远高于现实社会的发展，这种矛盾在德国现实的实践层面的极端落后和思想理论层面的高度发展上体现出来。最后，马克思表明了批判的目的，那就是实现人的真正解放。要实现人的普遍解放，就必须从无产阶级出发，通过哲学的指导实现人的真正解放。[2] “人是人的最高本质”，个人可以凭借自己的能力去改变所处的环境，而哲学作为一种精神武器，可以指导人们去科学地改造这个世界。

在《1844 年经济学哲学手稿》中，马克思通过对黑格尔和费尔巴哈思想的批驳，论述了人的本质理论，同时，对于价值问题以及人的价值也做了深层次的探讨，并且完整地阐述了共产主义理想。书稿总共由一个序言和三个手稿组成。在第一手稿中，马克思以“异化劳动”为核心，通过对“工资”的相关论述，指出在资本主义制度下，社会财富无论怎样变化，工人永远都处在不利的地位。在此，马克思指出，资本主义条件下的劳动是“异化劳动”。在生产过程中，工人同劳动产品、劳动本身、人的自由而普遍的存在以及他们自己相异化。在第二手稿中，马克思批判了私有财产关系。在第三手稿中，马克思更深入地讨论了劳动问题，并详细阐述了共产主义理论。他指出，“共产主义是摒弃私有财产的积极表现”。[3]马克思提出价值的本质是人的实践活动，是人通过有目的的活动来使客观事物满足人的某种需要，它产生的根源在于人的主观性需求。[4]马克思的价值观是站在人的立场上来论述的，他指出人通过自己的活动，不仅改造了外部世界，也使自身得到了发展。[5]最后，他指出，价值问题是社会历史范畴中的一个高层次问题，价值的形态不是固定不变的，它会随着社会的发展而不断地变化。马克思通过对资本主义价值观的批判，指出了资本主义的价值观是狭隘的，它的价值观是只有统治阶级才能享有的特权，而并非所有人的自由与解放。而在社会不断的发展进步下，人们最终可以按照自己的意愿，主动、自觉和自由地来改造外部世界。

3. 马克思主义价值观的完善时期

在马克思主义价值观的完善时期，他的思想发生了第二次转折，与恩格斯一起创建了唯物史观。根据马克思在《关于费尔巴哈的提纲》中的论述[6]，旧的唯物主义是从直观的方面去理解对象的，但是它没有从实践的方面去理解；唯心主义认识到了人的能动性，但是，它同样忽视了实践，二者都有合理的部分，但是又有共同的缺点。马克思吸收了这些理论中的合理的部分，用实践的观点去考察主客体之间的关系，从而与旧唯物主义哲学划清了界限，在实际的社会实践中去考察人，指出人正是在实践活动中创造物质资料，以供生存和发展使用。实践的观点是马克思主义唯物史观形成的基石。[7]

在《德意志意识形态》中，马克思指出在任何一个历史时期，物质生产都必须从一定量的人口出发，人们的物质生产活动促进了社会历史的发展。马克思、恩格斯批判了青年黑格尔派以及费尔巴哈所说的脱离了现实世界的抽象的人[8]，揭示了“人的本质不是单个人的抽象物，在其现实性上，它是一切社会关系的总和”[9]，把人由抽象转为了具体。[10]接着，他阐述了价值的客观性原理。价值是客观存在的，一方面客体所具有某种属性完全是客观的，另一方面主体对客体的需要以及需要满足的程度是受客观实际所制约的，价值的实现最终还是来源于人的实践活动。在最后，马克思论述了人的全面发展的思想。在物质生产发展的高级阶段，生产力达到了相当高的水平，社会上生产出了巨大而富足的财富，在这时，人们可以打破资产阶级对人的奴役，超越资本主义的物役性，获得大量的自由时间，从而促使人在各方面得到全面的发展。

《共产党宣言》的发表标志着马克思主义的问世，在书中，马克思表明了完整的共产主义思想：“代替那存在着阶级和阶级对立的资产阶级旧社会的，将是这样一个联合体，在那里，每个人的自由发展是一切人的自由发展的条件。”人类社会发展到最后，会进入共产主义社会，这是人类所追求的最高价值所在，它的实现需要每个人的共同努力，要求人们立足于实践活动，在顺应历史发展的趋势下促进生产力发展以及自身的发展，最终达到自由而全面的发展。

二、马克思主义的价值目标、价值评价与价值选择

马克思的价值观包含着价值的本质、目标、评价、选择等多方面的内容，要理解他的价值观思想，就要弄清楚这些基本问题。这些方面的内容相互联系，经过了实践的一次次检验，贯穿于马克思主义的整个理论体系之中，为世界上的无产阶级提供了科学的思想武器。

（一）价值目标

马克思主义哲学与以往哲学之间最大的区别就在于："哲学家们只是用不同的方式解释世界，而问题是改变世界。"之所说马克思主义具有科学性，是因为他站在无产阶级的立场上，所有理论成果都来自实践，并经过了实践检验，最终要实现人的真正解放。在现实世界中，人通过自己的活动推动着社会的发展进步，促使社会的物质文明以及精神文明实现了从低级到高级的转变。在马克思主义思想中，高生产力能够为人民提供充足的物质资源，可以使人们的精神生活得到极大的改善和满足，对于社会其他方面的发展具有决定性的作用。评估社会发展的最高标准是每个人自由而全面地发展[11]，马克思将人的发展分为三个历史阶段："人的依赖性、人的独立性和人的自由个性。"在第一阶段里，人类完全依赖于群体，没有个人的独立性，只在狭小的范围内活动，一切的活动只是为了满

足人最基本的生存需要，人在自然面前软弱无力，单独的个人没有办法生活下去，必须借助群体来谋求所需的物品，在群体中，每个人都要参与多方面活动，与之相应的就是这一时期主要是自然经济占据主体地位；在第二个阶段，人类摆脱了地域限制，不再仅仅局限于一个个独立的群体，体现为物的依赖性占主体的阶段，物质生产和交往普遍存在于社会中，在这个阶段，商品生产的发展速度加快，处于这个阶段的人，在生产活动中重复着同一个动作，个人只是某方面的能力得到了发展，劳动对人而言是单调的、乏味的，这一时期的人类社会是与商品经济相联系的；第三个阶段是人自由发展阶段，在这个阶段，自动化得到高度的普及，机器承担了大量的工作，人在发展中遇到的障碍从根本上得到了解决，不用再为生活而奔波劳累，社会发展到这一阶段，人们将不再受到自己所从事的职业的限制，个人拥有足够的闲余时间来发展自己，在马克思的共产主义社会中，人们将彻底地从现实世界的种种束缚中解放出来，人类社会将迎来真正的解放。

（二）价值评价

价值是主客体之间的一种特定的关系，既包括主体的需要，也包括客体本身所具有的属性。人们通过自己的实践活动，按照自己的意愿来对客体进行改造，使其达到自己的要求，这里人的实践活动不仅包括了对客观事物以及现实条件的认识，更进一步地包括了人对自身需求的认识，考虑到了怎样通过自己的实践活动来使自身的需求得到满足。在这一活动中，人处于主体地位，而人的这种主体性，是建立在对客观事物评价的基础上的。哲学上“评价”是指

“主体在认识客体的属性、本质和规律的基础上，将自身需求的内在尺度运用于客体，判定主体与客体之间的价值关系”。通过价值评价，主体把自身的需求以及客体的属性进行对比，从而判定客体能否满足主体的需要，这一过程体现了主客体之间的联系。评价是人的一种认识活动，在评价的过程中，人作为评价主体，首先考虑的就是自身利益，对于同一个事物，处于不同的阶层、不同社会形态中的人会产生不同的价值判断，那是由于主体的需要不同而导致的差异，因此，在评价活动中必须考虑到主体的利益需要。但同时，人是处于一定社会关系中的人，在做出价值判断时，不仅仅要考虑到自己，还要考虑其他的因素，价值评价的标准不仅要看其对自身的利弊，还要考虑到对社会、对群体的利弊，将个人的价值追求与社会全体的利益结合起来，突破个人的狭隘界限，真正达到既有利于社会、群体的发展，又能够满足个人需求的价值判断。

价值评价需要遵循两个原则，首先是要客观全面地认识客体。客体某些属性可以满足人的需要，但其他属性有可能危害到人自身，对人的发展产生不利影响，要对客体做出判断，权衡清楚它的利弊，就需要完整地了解客体的属性，对客观事物进行全面、深入、细致的了解，这样才能保证评价的全面性以及合理性。其次是要科学合理地认识自身的价值需求。人具有感性思维和理性思维，在面对某种需要时，人的主观的情感会偏向一方面，但是，由于人的认识的片面性，可能会为了满足目前的需求而牺牲掉长远的利益，所以，除了要对客体进行深入分析了解之外，还要对自身的价值需求进行科学的评判，抛开感性认识，理智地评判自身的需求，认识到自己是处于一定社会中的人，客观地认识自身的实际需求。人的需要是丰富的、多样的，现实的物质所具有的属性也不是单一的，可以在不同的方面满足人的需求，只要个人的价值判断符合个人以及社会发展的利益，那么，价值判断越丰富，就越能够促进社会中的个人全面地发展，从而促使主体做出正确合理的价值判断。

（三）价值选择

价值选择是人们在做出价值判断之后，根据价值判断的结果做出的选择，是主体的需要与现实的客观存在的统一。人们在做出价值选择的时候，首先要确定价值目标。人作为独立的有自我意识的个体，在进行实践活动时总是为了实现特定的目标，明确的价值目标可以对人的实践活动起到指引的作用，为人们指明前进的方向，激发人们实现目标的积极性和热情。其次，要选择相应的实现方式和手段。人民群众是历史的创造者，但其创造的过程要受制于一定的社会发展，受制于一定的社会生产力水平。最后，人们在做出了一定的价值目标，选定了一定的价值实现方式后，要选择创造价值结果。[12]人们通过自己的实践活动，将价值目标由观念变为现实，得到自己预期的结果，满足自身的需要，并且使之内化于心外化于行，这样，就完成了一个价值选择过程。做出价值选择的是人，因此，它具有社会历史性和主体差异性的特点，人的价值观念会受到外在环境以及内在自身观念的影响，历史时期、社会形态、社会阶层以及主体的不同都会对人的价值选择造成影响，所以，要做出符合时代的价值选择，需要遵循一定的原则。

首先，要做到合规律性和合目的性的统一原则。合规律性是指，在社会实践中，人们的活动必须符合客观规律，达到对客观规律的真实理解，否则，就会受到规律的报复。比如，环境污染问题就是人们不遵循规律的恶果。所谓的合目的性是指人们的实践活动及其结果要符合主体自身的需要和要求。人自身的价值追求能够促使人们为实现价值目标而奋斗，如果忽视人自身的价值追求，那么价值活动便不能保证有正确的前进方向，也无法调动人的积极性和主动性。自然规律是客观存在的，与人的需要和利益没有关系，人们要在遵循客观规律的前提下，确定明确的价值目标，并通过实践来达成。

其次，价值选择活动要遵循社会选择和个人选择的统一性原则。马克思指出现实的人总是处于一定的社会关系中，个人所做出的价值目标要符合社会前进方向，顺应社会发展潮流。个人的价值活动是通过实践活动来实现的，而个人的实践活动是包含在社会总的实践活动之中的。人们要顺应、服从于社会整体的价值选择，并在遵循社会价值选择的前提下经过实践活动实现自身的价值选择。同时，社会整体价值选择包含着个人的价值选择，社会在个人的价值选择以及价值实现方面有着重要的作用，它为个人的价值创造活动以及自身价值满足提供了良好的环境和基础。在价值选择活动中，人们一方面要注重个人在价值选择活动中的作用，另一方面，也不能忽视社会选择在个人价值选择中的作用，要把社会选择和个人选择结合起来，遵循二者统一的原则。

最后，价值选择活动要重视价值的主次方面。在价值选择活动中，主体要站在全局的高度，合理地处理主次矛盾之间的关系，抓住价值选择中的主要矛盾，满足人的基本需求；同时又要注意次要矛盾，通过解决次要矛盾来满足人的其余需求。此外，在价值选择活动中，还要注意将眼前利益和长远利益结合起来，在关注眼前利益的同时，也要注重长远利益，制定多个方案，在综合所有因素的基础上从中选择最优方案，实现利益的最大化。

三、马克思主义价值观的核心内容

（一）全心全意为人民服务是共产党人最根本的价值追求

随着生产力的发展，社会矛盾日益突出，阶级斗争也随之而发生，为了控制阶级斗争，国家应运而生。在不同的历史时期，国家具有不同的国体，在奴隶社会时期实行的是奴隶制专政制度，在封建主义时期实行的是封建主专政制度，资本主义社会是资产阶级专政，社会主义国家则是无产阶级专政。社会主义国家中，人民是国家的主人，在社会发展中处于主体地位。衡量社会发展的一个重要因素就是生产力，而人是生产力最重要的构成部分，在社会的发展中起着主导作用。人民群众通过自己的实践活动，通过劳动来满足吃穿住行等最基本的需求，在此基础上，创造出了丰富多彩的精神文化世界，并且最终，这些财富都为人民所享有。人民群众在不断发展社会生产力的同时，也在改造着社会的生产关系，从原始社会到现代社会，生产关系从无到有一步步日益完善，人类社会也一步步由低级到高级不断地发展。

中国共产党的诞生与马克思主义息息相关，在国家陷入危难的时候，中国先进的知识分子根据国内外的现状，结合国情，选择了马克思主义。中国共产党从一开始就把马克思主义作为指导思想，并把“全心全意为人民服务”作为它的根本宗旨。注重人民在社会中的作用，一方面与我国传统的民本思想不谋而合，另一方面，也是马克思主义的体现。马克思指出，其他的运动都是站在少数统治者的立场上，为维护少数统治者或者资本家的利益而进行的；无产阶级主要是由广大的劳动群众构成的，它坚决谋求最广大人民的利益和幸福，尊重和关心群众的意见和需求，把多数人的利益视为自己的斗争目标。[13]这不仅反映了马克思主义价值观，也反映了我国的无产阶级斗争的目标。

（二）集体主义是马克思主义价值观的基本原则

“人类社会是由人与人在活动中相互之间发生的关系构成的系统”，社会是由一个个现实存在的个人组成的，个人和社会是一个相互联系不可分割的整体。[14]每个人在发展过程中虽然都具有各自的特点，具有自己独有的个性，但他的发展是在与他人的交互活动中实现的。人具有自然和社会双重属性。婴儿在刚生下来时是一个自然存在物，具有自我意识，其所特有的基因通过胚胎细胞这种物质载体遗传下去；另一方面，人类社会活动的结构或程序，是通过人的社会实践活动遗传下来的，人类社会在历史的发展中，将得到的经验与知识一代代传递下来，社会群体在一代代的创造性发展过程中，吸取借鉴前人的经验，一步步地完善社会的物质文明、精神文明，人类通过实践所得的经验就这样传承了下来，也正因为人类的社会遗传，人们才可以更快地掌握社会的结构或程序，在前人的基础上，更进一步地对社会发展做出完善与创新。

马克思指出人是社会存在物，其自身的发展离不开社会，社会中存在着丰富的物质资料以及精神资料，个人在吸收借鉴这些资料的基础上不断地进步，其自身的价值也在这一实践活动中得到实现；同时，社会也离不开人，社会是由现实中的人构成的，个人通过实践活动促进自身发展，也促进社会的发展进步，如果脱离现实的个人，社会也就无从谈起了。人具有社会和个人双重价值。社会价值是指人的创造性的活动对于社会需要的满足，或者说是人对于社会积极的、肯定的作用和奉献。个人价值是指个人通过活动来满足自己的需要，或者说个人的存在和行为对于自身的意义。个人在进行创造性的实践活动时，自己的需求得到了满足，也是个人的价值实现的过程。社会价值是个人价值的最高目标，个人在进行创造性的活动时，一方面要符合自身的价值追求，满足自身的利益，另一方面，个人价值追求要符合社会价值。如果单单只注重自己的利益，不注重社会价值，甚至在追求价值的过程中以损害或者牺牲社会价值为代价，为了实现自己的目的不择手段，这样不仅会阻碍社会的发展，对于自身的发展也是不利的，个人在社会发展中，应当把社会价值放在首位。集体利益和个人利益以彼此的存在作为发展的前提，个人发展是社会发展的重要条件，个人的发展是在社会中的发展，依托于社会为个人提供的充足的物质条件以及社会环境。通过自己的实践活动，个人促进了自身的发展，同时推动了社会经济政治等的发展，社会变革也随之而来；社会发展是个人发展的前提，社会一方面为个人发展提供了所需的物质资源与环境，另一方面，社会的发展对个人的发展具有制约作用，一定时期内社会发展的状况是通过个人发展表现出来的。

（三）构建人类命运共同体是当代马克思主义价值观的重大创新

2012年，党的十八大明确提出了“人类命运共同体”的思想。之后，习近平总书记在多个场合都提到过这个思想，他说在全球化的大背景下，国家与国家间的关系不断变得紧密，各国的发展紧紧地联系在了一起，但同时发展中遇到的问题也在日益全球化，任何国家都无法幸免。党的十九大召开后，党中央将推动构建人类命运共同体的思想写入了党章，同时，这个理念也被写入联合国的决议，得到了世界人民的认可。

人类命运共同体的思想与中华民族的传统文化息息相关，是对中华传统文化的继承和发展。中国是一个追求和平的国家，鉴真东渡日本，为他们带去了先进的技术，促进了两国的和平友谊的发展；郑和下西洋，率领了大量的舰队，为当地人民赠送了大量的中国丝绸与瓷器[15]，这些都体现了中国传统的美德。儒家所提倡的“天下为公”“公平正义”以及“和而不同”的“大同”社会[16]，体现了中华民族的理想追求，也是人类命运共同体重要的思想来源。

“和”文化是中国传统文化的核心内容，“和”理念包括人类社会的各方面：“天人合一的自然观、和而不同的价值观、以和为贵的处世观、和合与共的世界观。”[17]庄子曾说“有人，天也；有天，亦天也”，在道家看来，天是自然，人是天的一部分，他们追求回归自然，解放人性。儒家的董仲舒提出了“天人感应”的观点。古人以“不违农时……材木不可胜用也”告诫人们遵守客观规律，与自然和谐相处，上述的这些思想都体现在人类命运共同体中。

人类命运共同体的思想基础是马克思主义哲学。人通过自己的活动来改造世界，现如今，在全球化的背景下，每个人都不可避免地同整个人类社会相依存，世界各国之间的联系日益紧密，整个世界处于同呼吸、共命运的时期。中国共产党人在马克思主义思想的指导下，吸收借鉴中国古代优秀的思想，提出了建立人类命运共同体的思想，对于世界在发展中遇到的各种问题，提出了相应的“中国方案”。

人类命运共同体的思想要求在全球化的时代背景下，全世界的人民应该创新思维，注重长远利益。经济上，坚持互利合作，建设一个共同繁荣的世界；政治上，坚持共建共享，建立一个普遍安全世界；文化上，坚持交流互鉴，建设一个开放包容的世界；外交上，坚持对话协商，建设一个持久和平的世界；环境上，坚持绿色低碳，建设一个清洁美丽的世界。[18]

世界正处于大发展大变革的时期，在发展的同时，许多的传统的或非传统的威胁也在世界各地蔓延，针对世界发展过程中的问题，中国提出要建立一个同呼吸、共命运的世界。构建人类命运共同体不是一蹴而就的，需要全世界人民的不断努力，仅凭一国的努力是不够的，所以世界各国要团结起来，共同向着这一历史使命奋斗。

马克思主义的价值观是科学的，它从实践中产生，以唯物主义为基础，批判了旧的唯物主义和唯心主义，揭露了资产阶级的虚伪以及在其制度下工人的悲惨命运，为无产阶级指明了前进方向。中国的知识分子在民族危亡之际选择了马克思主义，共产党人在马克思主义的正确指导下，成立了中华人民共和国。现在，中国进入了新时代，许多领域都出现了一些问题，这些问题的产生，很大程度上是一些人的价值观的缺失造成的。因此，面对社会发展中的各种问题，我们必须以马克思主义价值观为指导，弘扬正确的价值观，摒弃错误的价值观，把马克思主义的价值观与中国社会现实相结合，在马克思主义价值观指引下，实现“四个全面”的战略部署，实现中华民族伟大复兴的中国梦。

参考文献

［1］马克思：《马克思博士论文——黑格尔辩证法和哲学一般的批判》，贺麟译，人民出版社 2012 年版，第 101 页。

［2］陈雪、刘洋：《黑格尔法哲学批判导言的解读与深思》，载《中东方企业文化·百家论坛》，2012 年第 5 期。

［3］马克思：《1844 年经济学哲学手稿》，人民出版社 2014 年版。

［4］江景涛：《马克思主义价值观及其当代意义研究》，载《哲学研究》，2018 年第 9 期。

［5］肖秀兰：《浅析马克思 1844 年经济学哲学手稿中的人的本质思想》，载《合作经济与科技》，2013 年第 3 期。

［6］许庆朴、郑祥福：《马克思主义原著选读》，高等教育出版社 1999 年版，第 8 页。

［7］李健敏：《对关于费尔巴哈提纲和德意志意识形态的研究》，载《山西教育学院学报》，2002 年第 14 期。

［8］张京国：《德意志意识形态与人的全面发展》，载《科学创新导报》，2010 年第 219 期。

［9］李秀林、王于、李淮春：《辩证唯物主义和历史唯物主义

原理》，中国人民大学出版社 2004 年版，第 147—148 期。

[10] 秦云：《读德意志意识形态》，载《理论广角》，2014 年第 5 期。

[11] 杨鲁慧：《论马克思主义主体价值观本质》，载《社会主义研究》，2007 年第 8 期。

[12] 杨信礼：《马克思主义价值论与当代中国价值观的建构》，载《山东社会科学》，2008 年第 2 期。

[13] 黄国秋：《全心全意为人民谋利益是马克思主义价值观的核心》，载《社会纵横》，2000 年第 5 期。

[14] 王晶：《马克思主义价值观及其现实意义》，牡丹江师范学院硕士学位论文，2016 年 6 月。

[15] 彭大成：《中国古代“大同”思想与当今“构建人类命运共同体”》，载《湖湘论坛》，2018 年第 2 期。

[16] 孙聚友：《儒家大同思想与人类命运共同体建设》，载《东岳论丛》，2016.

[17] 杨丽：《增强人类命运共同体意识　推动构建人类命运共同体》，载《社会纵横》，2018 年第 4 期。

[18] 习近平：《共同构建人类命运共同体——在联合国日内瓦总部的演讲》，载《光明日报》，2017 年 1 月 20 日。

第二章 社会主义核心价值观的基本遵循

习近平总书记指出，“核心价值观是文化软实力的灵魂、文化软实力建设的重点。这是决定文化性质和方向的最深层次要素。一个国家的文化软实力，从根本上说，取决于其核心价值观的生命力、凝聚力、感召力。培育和弘扬核心价值观，有效整合社会意识，是社会系统得以正常运转、社会秩序得以有效维护的重要途径，也是国家治理体系和治理能力的重要方面。历史和现实都表明，构建具有强大感召力的核心价值观，关系社会和谐稳定，关系国家长治久安。”党的十八大以来，习近平总书记就社会主义核心价值观发表了一系列重要论述，这些重要论述系统阐释了社会主义核心价值观的科学内涵、战略地位与构建路径，是构建社会主义核心价值观的基本遵循。

一、内涵界定论

（一）社会主义核心价值观是国家、社会和个人层面的“德”

社会主义核心价值观包含了我们社会生活中的方方面面，是全面的、科学的，是社会思想内容的集中概括和集中表达，它包含了国家、社会和个人三个层面。我们都知道，国家如果没有“德”就不会兴旺发达，社会如果没有“德”就会一片混乱，人如果没有“德”就无法在社会上立足。所以，社会主义核心价值观是国家、社会和个人层面的“德”。它的出现规定了国家、社会、个人发展的方向与道路。

党的十八大首次提出了 24 字的社会主义核心价值观：“富强、民主、文明、和谐、自由、平等、公正、法制、爱国、敬业、诚信、友善。”其中，“富强、民主、文明、和谐是国家层面的价值目标，自由、平等、公正、法治是社会层面的价值取向，爱国、敬业、诚信、友善是公民个人层面的价值准则”[1]。

首先，社会主义核心价值观是国家层面的“德”。富强是我国在经济层面追求的目标，国家应当国富民强，这样人民才能在物质上得到满足，国家才能为人民幸福安康提供物质基础，才能让人民有一种心理上踏实的感觉。而我国在经历改革开放四十余年之后物质方面有了极大的提升，人民的生活更加幸福，这是我们每个中国人都应当骄傲和自豪的；民主是政治方面所追求的目标，民主就是指人民当家做主，我们追求的民主是全体人民群众的民主，只有在我国人民当家做主的情况下才能使人民享有民主的权益。所以，我们应当坚持人民当家做主，民主是人民群众创造美好生活的政治保障，在我国的社会发展中占有重要的地位；文明是文化方面所追求的目标，文明是辨别一个社会先进性与成熟性的重要体现，只有社会文明，人民的生活才会更加美好，人们对社会的归属感才会越强，它是我国现代社会中文化建设的必然要求，是人民创造美好生活的文化保障；和谐是社会层面所追求的价值目标，它是国家和社会和谐稳定、持续健康发展的必然要求。这四方面体现出社会主义核心价值观在国家层面的“德”，这四方面规定了国家层面上的发展道路。

其次，社会主义核心价值观是社会层面的“德”。自由指的是人应当要在意志、存在和发展方面享有自由的权利，而只有在社会主义制度下，人民当家做主，才能实现自由。但自由也不是任性而为，想干什么就干什么，我们在享受自由的同时也应当要履行相应的义务，要为社会的和谐与稳定贡献自己的力量。平等指的是全体的社会公民在法律面前是一律平等的，每个人都应当有平等参与平等发展的权利，不能对社会公民的平等参与合法生活的权利进行剥夺与压榨，也不能运用自己的身份对别人进行欺压，社会生活中人人平等，没有任何特权可言，“党的十八大把平等作为社会主义核心价值观的基本范畴，体现了社会主义的本质要求”[2]。公正指的是社会公平正义，党的十八届三中全会指出，“要促进社会公平正义深化社会体制改革”，“让发展成果更多更公平惠及全体人民”。社会的公平正义可以消除人们的不良心态，人与人之间的关系也会更加的融洽，社会公平正义也可以体现出社会主义制度的优越性和先进性，提高人民群众的归属感与认同感。法制指的是我们国家应当依法治国，通过法律手段来维护和保障公民的根本权益，法制的建设是非常重要的，有了法律社会才会稳定，才会对社会公民有一定的威慑作用，社会才会和谐，人民生活才能幸福，并且法制可以为实现社会自由平等、公平正义提供帮助。这四方面体现出了社会层面在培养和实行社会主义核心价值观方面应当实现的目标与方向。

最后，社会主义核心价值观是公民层面的“德”。爱国就是指热爱自己的祖国，祖国为我们带来了和平、美好、富裕的生活，是我们遮风避雨的港湾，作为中华儿女要充满自豪感，要以祖国为荣，要时刻热爱自己的祖国，“社会主义核心价值观中最深沉、最根本、最永恒的是爱国主义”[3]。当祖国遇到危难时应当挺身而出，一切都要以国家的利益为重。敬业是指要对自己的工作充满热情，要热爱自己的工作，要专心致志地投入自己的事业，为社会主义现代化的建设添砖加瓦，“劳动没有高低贵贱之分，任何一份职业都很光荣”[4]。我们的事业是我们生存的基础，为我们带来了生活的保障，所以要脚踏实地，埋头苦干，做好自己的本职工作。诚信是指人与人之间的交往要相互信任，诚信在社会中非常的重要，一个人如果没有了诚信，那他无法在社会上立足；一个企业如果没有诚信，就不可能长久发展。所以诚信是我们在社会立足的基础。友善是指人与人之间的亲近善良，要用一颗善良的心去与人交流，你对别人充满了善意，别人也会用同样的方式回报你，这样社会才会更加的美丽，友善是每个人应具备的良好品德，因为它有利于推动社会和谐发展。这四方面规定了公民层面应遵循的守则，为公民的行为提供了指导与规范。

（二）社会主义核心价值观是社会评判是非曲直的价值标准

习近平总书记说过：“核心价值观，承载着一个民族、一个国家的精神追求，体现着一个社会评判是非曲直的价值标准。”[5]在当今社会中，我国正在面临着多方面的威胁，国际敌对势力对我国的文化渗透不断，民众因为缺乏对这些思想是非对错的价值判断而很容易受到伤害，对我国造成了很大的困扰。国内思想观念和价值观念的复杂化同样困扰着我们。所以，这些问题的存在要求我们有一个正确的价值观念来判断社会评价的是非曲直，去引导人们认识自己行为的对错。所以社会主义核心价值观是重要的，是进步的，是这个社会所需要的。

我国的思想文化领域的安全需要有一个评判是非曲直的价值标准。近几年，我国正处于社会大发展大变革的时代，思想复杂多变，与此同时，西方敌对势力企图对我国造成一定的破坏，思想领域成为他们的突破点。而民众在没有正确价值观引导的情况下，很容易让破坏者有机可乘，对国家和社会造成了很大的威胁。但社会主义核心价值观的提出，给社会思想领域吃了一颗定心丸，使人民群众有了一个正确的价值标准，摆脱了我国思想领域的危机，也维护了我国的国家安全、社会的和谐稳定。

国家的建设与发展需要我们有一个评判是非曲直的价值标准。在推进国家治理体系和治理能力现代化的过程中，需要我们用新的眼光、新的思维去看待事物。比如，我们过去的发展模式，过度注重经济发展而忽视生态环境的行为，在现在的社会是行不通的；比如，我国社会原先的主要矛盾，注重物质生产已经不再适应人们的需要，而现代社会人们的物质生活已经基本满足，人们对于美好生活的向往更加强烈，所以才会有社会主要矛盾的变化。社会的不断进步决定了我们的价值观念也应随时代的发展而不断进步，不应拘泥于现状。

实现社会主义中国梦的伟大目标需要我们有一个正确的价值标准，必须有广泛的价值共识和共同的价值追求。这就要求我们持续加强社会主义核心价值体系和核心价值观建设，构筑正确的价值标准，坚定全国各族人民团结奋斗的信心，凝聚起实现中华民族伟大复兴的中国力量。

人们对于事物的判断需要有一个评判是非曲直的价值标准。如果在做某些事情时不能准确认识到这种行为的对错，对某些事情的认识没有一个准确的标准，很可能会导致错误的发生，对个人的身心发展造成一定的伤害，这归根结底是因为社会价值判断标准的缺失。而社会主义核心价值观的提出可以帮助人们正确认识是非曲直，使人们有一个正确的价值标准摆脱这些困境。

（三）社会主义核心价值观是反映社会共识的“最大公约数”

改革开放已经进行了四十多年，在这四十多年中，我国在政治、经济、社会、文化、生态方面取得了巨大的成功，国家发展得也越来越好。但在这些成功的背后也面临着一些思想文化领域的问题，这些问题的存在决定了我国需要一个精神旗帜和思想的引领，需要有一个优秀的价值观指引我们的社会发展得更好。“人类社会发展的历史表明，对一个民族、一个国家来说，最持久、最深厚的力量是全社会共同认可的核心价值观。”[6]所以习近平总书记提出的核心价值观的思想满足了全党和全国各族人民的共同需要，在思想领域高举鲜明的旗帜。

“最大公约数”中最大就是指广大的人民群众，公约数就是指社会共识的存在要得到社会全体成员的共同认可。要想使我们在经济、社会、政治、文化、生态方面有更加广阔的发展前景，凝聚社会共识是必不可少的。社会共识的存在，可以帮助人们对自己的行为进行引导与规范。而核心价值观其实就是一种社会共识，它反映了人民群众的价值追求，所以它是反映社会共识的“最大公约数”。

一个国家的发展与社会的进步需要有一个共同的社会标准。当今社会，人们的思想纷繁复杂，这关涉着社会价值观。所以，党和国家在十八大上正式提出了社会主义核心价值观，它勾画出了国家的价值内核，人们的价值方向，社会的共同理想，是反映社会共识的“最大公约数”。社会主义核心价值观为国家、社会和个人的发展指明了道路，它的出现确定了国家、社会和个人层面的价值方向和追求的目标，使我们的国家有更加明确的未来和更加光明的前景。

社会主义现代化建设和中国梦的实现需要凝聚社会共识。“中国梦的宣传和阐释，要与当代中国价值观念紧密结合起来。”[7]社会主义的现代化建设和中国梦的实现已经到了最紧迫的时候，我们每个人都应当为社会主义的发展贡献自己的力量，凝聚全体人民大团结的力量，为了社会主义而奋斗。而要做到这点，就必须调动起全体社会成员的积极性，使他们都能全身心地投入到社会的发展中，这就必须有价值观念的引导，凝聚社会的共识。

人民群众对和谐社会的需要，决定了我们应当有一个共同的社会标准。社会在进步，而人们的思想观念也在不断地进步，但是在社会生活中如果没有一个科学的社会标准来对人们的行为进行制约，人们的思想就会混乱，社会也会受到破坏，不利于国家的发展。所以这个社会标准是非常重要的，与此同时这个社会标准也应当随着社会的变化而不断地变化，要紧跟社会发展的潮流，适应人们的需要。

二、战略地位论

（一）推动国家治理体系和治理能力现代化的重要内容

我国现在正在加紧改革国家治理体系和促进治理能力的现代化，这就要充分发挥社会主义核心价值观的重要作用，使社会主义核心价值观在它的发展中能贡献更大的力量。

首先，为国家治理体系和治理能力的现代化把握正确的方向。现在，我国正在努力实现社会主义的现代化，各方面都要进行改革以紧跟时代的步伐。在对国家治理体系和治理能力的现代化改革中我们应当搞清楚为何改、为谁改、如何改的问题，这就要求改革要有一个正确的方向。而我国坚持的是社会主义道路，国家治理体系和治理能力的改革应当有利于社会主义的发展，应当使人民群众生活得更加幸福，应当符合全体人民的共同价值追求。

其次，为国家治理体系和治理能力现代化提供了素质支撑。我国广大人民群众的素质问题决定了我国治理体系和治理能力现代化的进程。所以，解决这些人的素质问题是特别重要的。而社会主义核心价值观是先进的、全面的，它为人们的世界观、人生观和价值观做出了指引，帮助人们认识自己、改善自己、发展自己，从而使广大人民群众有一个良好的思想素质，推动我国治理体系和治理能力的现代化。

再次，为国家治理体系和治理能力现代化提供良好的环境。只有社会和谐稳定，国家才能有良好的环境去获得发展。而社会要想和谐发展就要营造一种和谐向上、互助友爱的良好氛围，这就要求在全社会宣传和发展社会主义核心价值观，用它去引导人们有一个良好的思想道德素质，构建一个和谐的社会，为国家治理体系和治理能力现代化提供良好的环境。

（二）凝聚社会共识以及有效维护社会秩序的迫切需要

在社会中人与人之间能形成一个共同的认识是特别重要的，因为个体认识的不同，每个人看待问题的角度会不同，形成的认识也会有差异。所以，在没有一定的标准的前提下，人与人之间达成共识是特别困难的，这就会导致社会思想的混乱。因此才会凸显这个标准的重要性，它既要有权威性，能被大多数人所认可接受；又要有准确性，能解决社会存在的问题，能对社会发展做出贡献，对人们有帮助。而社会主义核心价值观的出现，解决了社会思想领域存在的问题，帮助人们树立起自己的价值理想，给人们以新的价值方向，它是准确的。它又是权威的，它是国家针对我国的发展现状所提出的，它的背后凝聚着无数人的研究与探索。所以，习近平总书记提出的社会主义核心价值观思想才能凝聚社会的共识。“历史和现实都表明，构建具有强大感召力的核心价值观，关系社会和谐稳定，关系国家长治久安。”[8]

维护社会秩序也需要有一个社会标准作为正确的规范。社会秩序存在问题的重要原因，一是没有一个统一的标准去制约民众，因此人们会对这些事情不够重视，会抱着一种无所谓的态度，认识不到自己的行为的对错；二是人们没有正确价值观的引导，对事物的做法大多受社会的影响，没有自己的价值判断。这就是我们要培育和弘扬社会主义核心价值观的原因，它可以帮助人们凝聚社会共识，维护社会秩序，使社会能更加美好，人们更加幸福。

（三）提高国家文化软实力和树立国家良好形象的铸魂工程

文化是一个国家的灵魂，一个国家不能没有灵魂。习近平总书记指出："提高国家软实力，关系'两个一百年'奋斗目标和中华民族伟大复兴中国梦的实现，提高国家文化软实力要努力传播当代中国价值观念。当代中国价值观念就是中国特色社会主义价值观念，代表了中国先进文化的前进方向。"[9]

社会主义核心价值观的发展对我国文化软实力的提高具有重要的作用。在现代社会，文化对一个国家的发展具有越来越重要的作用。而要提升文化软实力必定离不开社会主义核心价值观，社会主义核心价值观可以帮助人们更好地在思想文化领域树立起全新的思想，改善人们的思维方式，净化社会不良风气，使人们认识到文化发展的重要性，加强对思想文化领域的重视程度，以提高我国的国家文化软实力。

社会主义核心价值观的发展有利于树立我国的大国形象，提高马克思主义在世界的影响力，在国际社会中高高举起中国旗帜。使民众对祖国有更加强大的归属感，祖国在人们心中的形象更加高大。使国际敌对势力没有可乘之机，而我国在文化领域的发展也会得到大幅度的提升，我国的国家实力和综合国力也将会有极大的进步与提高。

三、培养途径论

(一)“基于文”——立足传统文化，吸收世界文明

我国是一个有着五千年历史的文明古国，在漫长的岁月中培育出很多光辉的文明，这些文明影响着一代又一代的中华儿女，有些传统的价值观念一直沿用至今。我们可以看出社会主义核心价值观的 24 字基本内容好多都是源于中国古代的传统思想文化，所以，“中华民族的优秀传统文化是社会主义核心价值观的深厚沃土，离开优秀传统文化的滋养，社会主义核心价值观将变成无源之水、无本之木”[10]。

培养社会主义核心价值观的第一步就是要立足中华优秀的传统文化，五千年的中国悠久历史为我们留下了太多经典的文明，它是一个无穷的宝库，需要我们用心去挖掘。所以社会主义核心价值观只有扎根于传统文化之中才能汲取更多的养分。在现实生活中，我们可以看到很多从古代就流传下来的传统美德，如“孝顺父母，尊老爱幼，助人为乐，邻里和睦”。这些从古至今流传下来的美德充斥着人们的内心生活，指引着人们的行为，所以中华民族历经千百年而长盛不衰。这些美德的存在可以帮助社会主义核心价值观更好地传播与发扬，使社会主义核心价值观的传播的阻碍减少到最低，更容易被人们接受，因为两者本就是一脉相承。所以传统的文化思想为社会主义核心价值观的发展提供了理论基础。

另外，还要立足于世界，吸收世界上的先进文明。我们不能闭

关锁国，认为只有自己的思想是优秀的，这种想法是不可取的，所以社会主义核心价值观的思想在形成的过程中也吸收了世界先进的文明成果。现在世界各国的交往越来越密切，文化的交往越来越频繁了，文化之间的交流与冲击也随处可见，我们可以看到社会中充斥着很多的外国文化，如外国的电影、美食、玩具、衣服，而我国的文化也持续影响着世界各国，如孔子学院在世界范围的大规模举办，所以，社会主义核心价值观立足世界文化，吸收世界上的先进文明成果，不仅可以保持其先进性，顺应时代发展的潮流，站在文化发展的最前沿，紧贴社会发展的脉搏，又可以满足不同人群的需要。

（二）“寓于教”——坚持教育引导，抓好重点人群

社会主义核心价值观的教育，是一个长期的全面的工作。既要覆盖各个年龄段，又要抓好重点人群。“社会主义核心价值观能否彰显生命力和引领力，取决于其能否内化于心、外化于行，能否真正掌握群众。”[11]社会主义核心价值观是针对全社会而言的思想理论，不是针对特定人群、特定时间或者某一事件而言的，它对所有不特定的对象而言都具有引导性的作用。

对社会主义核心价值观的宣传与教育，要从娃娃抓起。“为了中华民族的今天和明天，我们要引导广大青少年儿童树立远大志向，让他们成长得更好。”[12]要重视孩子在学校的教育，在孩子刚接受知识时，就应当加强对他们的引导。同时学校也应当多举行轻松有趣的文化活动，这样不仅可以使学生放松身心，还可以使他们在此过程中掌握更多的知识，对学生产生潜移默化的影响。

实施全程教育。活到老，学到老。我国的义务教育制度普及时间还不是很长，20世纪七八十年代之前的很多人没有良好的知识素养，对知识的掌握程度不高，如果让他们自己去掌握社会主义核心价值观的基本知识是有一定困难的，所以，我们应对这些人群进行集体教育，通过别人的教授或帮助，使他们了解和掌握基本的核心价值观的知识。

教师是学生成长与成才路上的指路人。社会主义核心价值观的传播过程主要靠的是教育工作者的教授，教育者是我们学习知识的向导和明灯，如果教师的知识素养和品德素养存在问题的话，会对学生的知识掌握与身心的成长造成严重的后果，所以，在教师的培养与选拔方面应当严格把关，要让教师有良好的知识素养和思想品德修养，以实现对学生的良好教育效果。

国家还应当对教育体系进行完善与修改，如教育政策的与时俱进、教育设施的完善、教师的教育教学方法的改进。还要对优秀的人物和事迹进行表彰与宣传，并且要加强优秀文化与优秀作品的宣传，坚持正确的文化价值取向。

另外，要加强重点人群的培养，“特别要抓好领导干部，公众人物，青少年，先进模范等重点人群”[13]。

（三）“融于境”——利用有效载体，融入社会生活

人民群众是社会的主体，无论哪种政策的颁布与实施都是要建立在人民群众的利益的基础上，只有让广大人民群众认可，才能发挥这种政策的最大作用。所以，社会主义核心价值观在传播的过程中最主要的就是要紧紧抓住人民群众，要走到人民群众的日常生活

中去，用人民群众喜闻乐见的方式使社会主义核心价值观渗透进人们的日常。

在老百姓经常出入与居住的地方如游乐场所、社区单位、住宅区等出入口，进行宣传。可以在人们出行的场所，游乐场、社区、道路两边悬挂宣传标语，如禁止吸烟、禁止乱扔垃圾、健康出行、不随地吐痰、不乱扔垃圾等。这样的宣传往往更贴近人们的生活实际，人们在不经意间会留意到，记在心中，可以让人们受到潜移默化的影响，并把它运用到生活中。“另外还要重视家庭文明建设，努力使千千万万个家庭成为家庭发展、民族进步、社会和谐的重要基点。”[14]家庭是一个人成长和生活的地方，家庭教育搞好了，人们的成长和进步就有了很好的保障，并且也会规范自身的行为。

多拍摄和播放传播社会正能量的公益广告，现在好多人都喜欢观看电视节目和综艺娱乐，所以通过电视和视频软件对公民进行思想道德教育是尤为必要的。还可以多拍摄宣传社会主义正能量的电影和电视剧，如《人民的名义》这部电视剧和《大人物》这部电影就充分展现了邪不胜正、正义必将战胜邪恶的思想，给社会中的不法分子敲响了警钟，传递了社会正能量，给人们以警示和教育的作用。净化网络环境，利用网络载体加强人们的价值观的教育。网络与我们的生活息息相关，随着时代和科技的进步，我们的生活处处充满着网络的元素。所以净化网络空间，利用网络作为载体进行核心价值观的教育也是万分关键的。

(四)“落于行”——落实知行合一，加强法制监督

理论与实践应当是统一的。所以，社会主义核心价值观只有落实到行动中，落实到人们的日常生活中才能发挥出它最大的作用。指导人们的生活实践，丰富人们的精神生活，净化社会不良风气等各种举措都离不开它。

知与行就如同理论与实践的关系一样，应当是统一的，要确保社会主义核心价值观落到实处。社会主义核心价值观不仅仅是思想理论，而且还是一种行动指南，它指引着我们生活的方向。“应当将社会主义核心价值观运用到实践和生活中，来加强人们思想道德的建设，引导人们形成追求讲道德、遵道德、守道德的生活。”[15]每一种理论和思想，只有在实践中才能发挥自己的最大生命力。而只有在实践中社会主义核心价值观的优越性才能真正地体现出来。只有把它运用到行动中，运用到生活中，它才是活的，才是真正有灵魂的。

另外我们还要加强法制的监督，法治的监督也是非常重要的。社会主义核心价值观的培养与践行的过程，会得到最广大人民群众的欢迎与喜爱，但还是会有少部分的社会不良分子企图越过红线，危害社会的健康与安全。当对他们进行思想教育而没有作用的情况下，就要用法律的手段对这些社会毒瘤进行严厉的惩治，比如，扫黑除恶就是对这些社会中的不良社会因素进行拔除，以弘扬社会的主旋律，维护社会的安全与稳定。所以，在社会主义核心价值观的培育与践行的过程中法制的监督是不可缺少的重要因素。

社会主义核心价值观是符合发展大势、符合我国现阶段国情的

一个重大决策，是我国应长期坚持的行动指南，是国家的希望、民族的希望和人民的希望，国家要进步，社会要稳定，人民要幸福就必须坚持和发展社会主义核心价值观。“今天，我们比历史上任何时期都更接近、更有信心和能力，实现中华民族伟大复兴的目标。”但是这个目标的实现还充满着种种困难，还需要经过人们不懈的努力。所以，作为当代的有志青年，我们应当树立崇高的理想与艰苦奋斗的优良品德，以社会主义核心价值观武装和指导自己，在我党的带领下，努力使我国建设得更加美丽。[16]

参考文献

[1]《关于培养和践行社会主义核心价值观的意见》，人民出版社 2014 年版，第 1—2 页。

[2] 苏柯伊：《专家解读社会主义核心价值观——社会层面价值目标》，http：//ynpe. wenming. cn/wmbb/201707/t20170705_ 4592780. shtml（访问时间：2018 年 9 月 10 日）。

[3] 习近平：《在文艺工作座谈会上的讲话》，载《人民日报》，2015 年 10 月 15 日。

[4] 习近平：《习近平在知识分子、劳动模范、青年代表座谈会上的讲话》，载《天津日报》，2016 年 4 月 30 日。

[5] 习近平：《习近平在北京大学师生座谈会上发表重要讲话》，载《大同日报》，2014 年 5 月 17 日。

[6]《“习近平谈核心价值观”——最持久最深层的力量》，载《人民日报（海外版）》，2014 年 7 月 24 日。

[7] 习近平：《在中共中央政治局第十二次集体学习时强调：建设社会主义文化强国着力提高国家文化软实力》，载《经济日报》，2014 年 1 月 1 日。

[8] 习近平：《在中共中央政治局第十三次集体学习时强调：把培育和弘扬社会主义核心价值观作为凝魂聚气强基固本的基础工程》，载《党建》，2014 年第 3 期。

[9] 习近平：《习近平谈治国理政》，外文出版社 2014 年版，第 160—161 页。

[10] 宋乃庆：《社会主义核心价值观与中华优秀传统文化》，载《思想理论教育导刊》，2015 年第 4 期。

[11] 姜卫平：《凝聚社会共识，引领社会思潮，增强社会主义核心价值观的凝聚力引领力》，载《人民日报》，2017 年 8 月 11 日。

[12] 《在北京市海淀区民族小学主持召开座谈会时的讲话》，载《人民日报》，2014 年 5 月 31 日。

[13] 《习近平在上海考察：当好全国改革开放排头兵》，载《人民日报》，2014 年 5 月 1 日。

[14] 习近平：《在会见第一届全国文明家庭代表时的讲话》，载《人民日报》，2016 年 12 月 13 日。

[15]《习近平在省部级主要领导干部学习贯彻十八届三中全会精神全面深化改革专题研讨班上的讲话》，载《人民日报》，2014 年 2 月 22 日。

[16] 孙礼：《积极培育和践行社会主义核心价值观》，载《现代交际》，2019 年第 6 期。

第三章 马克思主义视域下的富强价值观

人民吃饭、穿衣的问题得到解决，物质条件满足了，对自己的前途和命运就有了明确方向，家庭如此，国家也是如此。经济总量占比巨大，物质载体选择性多，人民对生活有了憧憬，而国家贫困、孱弱，会使文明消亡，成为殖民掠夺的对象。富强是人之所欲、国家所需，经济基础的发展决定了国家制度的建设。为了富强，人们进行各种探索，如农业立国、工业强国、海洋强国等一系列追求，在这个过程中，各个国家或有成功、或有失败，都希望能够强国。繁荣是时代的永恒发展主题，是人类追求的价值目标，“桃花源”样的生活被我们所向往，为了追求美好生活，需要物质力量和精神力量发挥双重作用。

富强的路程是一点一点进行的，中国人民面对困难，永不放弃，直击挑战。国家承载着人民的期望，而富强的任务是重之又重。改革是一刻都不敢放松，“落后就要挨打”，国家经济实力的强大，是为了让人民生活有满足感，而这样，国家强盛也指日可待。“贫穷不是社会主义”，马克思主义唯物史观认为“物质资料的生产影响社会经济的发展进程”，社会有需求就有供给，个人发展的动力在于“功利心”的驱使，社会发展依靠物质财富的积累，国家富强人民才有希望，改革才能向前，改革发展的成果是由人民来评价的，人民觉得满意，我们的工作才算做到位，做到了实处。

一、马克思主义富强思想的主要内容

（一）共同富裕的主要内容

富强，一是“富”，二是“强”，在经济领域富裕，在综合国力上强盛。富强在核心价值观中居第一位，富强能促进其他价值体系的延续，富强包括两个观点，一是“富”，即充裕，以经济为基础发展，最后实现人民群众的衣食住行的满足；二为“强”，即强大，以共同富裕为基础的国家实力的壮大。“贫穷不是社会主义”，全体人民的共同富裕才是社会主义的价值追求，“共同富裕”应是共同和富裕的统一，“共同”指明了范围，消除两极分化，缩小贫富差距；“富裕”表示经济水平上涨，相对贫穷而言，民众生活要求可支配范围广，人民有获得感和幸福感。“社会主义的本质是解放生产力，发展生产力，消灭剥削，消除两极分化，最终达到共同富裕”，共同富裕包含两部分，是总体富裕和全部富裕、国富和民富的协调，邓小平同志多次强调“让一部分人、一部分地区先富起来，先富带动后富，最终实现共同富裕”。

“新时代中国特色社会主义发展方向将实现共同富裕作为行动指南，必然要以坚持和实现共享发展为价值追求，共享也为共同富裕和综合国力发展提供行动纲领。”[1]生产与消费两者互为依托，有了生产消费才能继续进行，生产与消费是同一的，从产品的消费或再生产劳动力的角度讲，消费与生产也是同一的，消费创造生产持续的理由，消费进而又创造出现实的生产。要使民众积极主动地接受社会的调整与变更，首先要保证他们的物质利益不受侵害，这是最基本的。在社会生产过程中，以劳动为基础的分工，促使劳动的专门化和生产工具的专门化，个人职责分工明确。在社会分工中，劳动力和生产资料的偶然性和任意性发挥着自己的作用。机器大生产，为生产力的发展创造了跳跃式的扩展能力，生产力的这种扩展能力，一方面为积累社会财富创造了条件，另一方面有可能造成生产无限扩张的趋势。人们要进行物质资料生产，必须投入各种生产要素，而这些生产要素在社会演进中范围不断拓宽，形式也日益多样化。中国经济的崛起离不开党的领导和人民群众的共同努力，中国国民经济总产值和外贸总值的提升，促使中国在世界经济体中脱颖而出，但社会矛盾仍旧十分突出，东西部发展差距仍然较大，社会主要矛盾转化为“人民日益增长的美好生活需要和不平衡不充分的发展之间的矛盾”，说明我们要实现共同富裕的前途是光明的，道路是曲折的。

共同富裕依旧有很多障碍，人民总体富裕程度不高，各地区各阶层收入差距加大，整体社会保障水平比较低，农村的社会保障水平尤其低，“三农”问题仍是重点工作，虽然近几年我们取得了令人瞩目的成果，但依然还需努力。经济发展具有自主性、平等性、竞争性、竞争性，但是社会经济形式的发展却无法跳跃。生产要素投入特别是劳动就业量、投资增长率和投资效率、科技进步程度及其应用、自然资源的数量与开发利用程度、制度和体质、对外开放程度等决定着经济增长。

为实现共同富裕的宏伟蓝图，我们要坚持发展生产建设，从基层到中央稳抓落实，不在口头上空谈，将工作落到实实在在的地方。人民对美好境界的追求有两类，一类是具有客观必然性，经过努力可以实现的理想，另一类是完全脱离客观发展规律而陷入循环，从而根本不可能实现的空想。但共同富裕经过努力终究会实现的，共同富裕道阻且长，要实现共同富裕，发展生产力为第一要义；建立公平合理的收入分配制度；健全社会保障体系，考虑到民众需求的方方面面，才有可能落实共同富裕，才会更早迈进现代化强国。

（二）综合国力的主要内容

在强国方面，国家是否强大且引导世界潮流趋势决定了一个国家的话语权，“党的十四大报告首次使用了‘综合国力上了一个大台阶’的提法，首次将综合国力上升为国家战略目标”[2]。我国在创新力、经济、贸易、文化、科技等方面发展日益突出，农业综合生产能力大大提升、工业规模迅速增长、服务业层次不断提升，不断扩大开放，欢迎世界各国与中国探讨交流。在航空领域、海洋强国、陆地发展以及国家发展质量上的比较，已成为世界各国力量角逐的重点[3]，落后就要挨打，“弱国无外交”，只有当一个国家实力强劲，世界各国在考察衡量中才会关注本国状况。中国的富强不是靠掠夺、殖民，我们是以和平共处五项原则为基调，坚持平等合作共赢。综合国力是从领土及资源、人口及教育、经济发展水平、科技发展水平、社会发展水平、军事能力、政治能力以及发展可持续性等方面来检验的[4]，国家的富强是让国民感受的，人民对这个国家有认同感和幸福感才是最重要的。

“人的自由而全面发展”保证人的素质得到提高，能力有所发挥，在法制社会监督下有秩序地表现自己，“人的自由而全面发展”是以人为本，每个人有言论自由的权利，但并不是“妄言”，自由发展绝不意味着可以超越历史、现实条件，游离社会群体之外，随心所欲行动[5]，人只能在特定的条件下不断完善发展自己，最终服务于世界和平发展、人类文明进步。

马克思主义富强思想以共同富裕和综合国力的结合作用统领，“富”和“强”二者各自发挥其丰富内涵，全面理解深刻把握富强思想的内容，国家富强、民族振兴、人民幸福就有了鲜活的力量。从一定意义上讲，社会主义革命的胜利本身就是共同富裕理想可以实现的证明，因此，社会制度的最终实现，是“老有所依、壮有所用”，每个人有发展自己的条件，也是全人类得到解放的根本要求和体现。实现共同富裕远大理想的过程就像万里长征，应该一步一个脚印，踏踏实实地向着未来迈进。

二、富强作为马克思主义价值观的当代内涵

（一）马克思主义富强价值观的内涵界定

富强在价值观中居第一位，已从一般的物质层面概念上升为具有统摄力和支配地位的观念范畴，成为主流意识形态。[6]当代马克思

主义富强价值观的内涵是有具体标准的，邓小平同志提出了将国家发展总产值翻两番的战略目标和具体步骤和小康社会的构想。习近平总书记在党的十九大报告中指出“从2020年到2035年，基本实现社会主义现代化；从2035年到21世纪中叶，把我国建成富强民主文明和谐美丽的社会主义现代化强国”。[7]富强侧重于经济，在中国国际贸易服务交易会中，习总书记强调，“凝聚共识，加强合作，共同促进全球服务贸易的繁荣发展，引领世界经济发展方向，造福各国人民，推进构建人类命运共同体”。在近年来的发展中我们抓住了发展的机遇，中国经济的崛起，使西方国家叫嚣“中国威胁论”，这是对中国实力的忌惮，中国以和平发展为导向，不会以任何理由欺辱别国。中国一直构建全球互联互通伙伴关系，致力于世界各国勤沟通、多交流，实现共同发展繁荣，实现共同富裕，在社会发展中实现生产资料共同分享[8]，我们追求富强的脚步从未停止。

中国的发展为全球经济的发展贡献了力量。经济全球化、世界格局多元化在当今时代下势不可挡，发展好本国经济就是发展了世界经济，各国生产资料和生产力的交流融合促进了需求和消费的增长。中国与世界的发展关系是你中有我，我中有你，在新时代下我们在各方面有所成就，如中国的高铁技术领先于世界各国；中国愿同世界共享发展成果，如港珠澳大桥、援建非洲各国等，中国对世界发展的杰出贡献举世瞩目。立己达人，兼善天下，中国愿和其他国家分享发展机遇，也欢迎别国搭乘中国发展的列车[9]，纵观全球，各国之间联系日趋紧密，矛盾冲突此起彼伏，我们希望建立一个和谐、稳定、民主、开放、包容、互利、公开的“地球村”。

（二）马克思主义富强观在我国的丰富与发展

自鸦片战争起为了求得国家的繁荣富强，我们一次次地努力，从未放弃过。中国人民受压迫、受剥削，为了生存，必须富强——这是中国人的需要。[10] 在推行赶超战略中，中国没有跟上第一次工业革命的发展浪潮，进而被欧美国家超越，而我们也曾是“开元盛世”，随后无数中国人把中国再次成为一流强国作为自己的价值追求[11]，1956 年的“一化三改”方针、邓小平同志的南方谈话为中国发展指明了方向，“社会主义要消灭贫穷，贫穷不是社会主义”，中国与世界发展互为依托、同步繁荣，社会主义的本质就是国家富强、人民幸福。

富强观研究一定社会生产、交换、分配和消费等经济活动中的经济关系和经济规律。马克思主义富强价值观侧重经济关系本质分析和关注经济主体之间的关系，而西方富强观侧重经济现象的描述分析和经济变量之间的关系。社会主义经济基础的形成，必须通过大力发展生产力和不断提高工作生产效率来实现，执行总体劳动，不同职能的劳动者直接或间接参与生产劳动过程。在科技发展的今天，科学技术在生产力要素占比中居重要地位，它不仅决定着一个国家社会生产力的发展，而且决定着经济结构和生活方式的变化，科技劳动创造价值不等于科技本身创造价值。科技劳动是一种活劳动的形式，最能体现劳动的智能本质和创新本质，科学技术是一种物化劳动的形式。

马克思主义富强价值观是在继承发展马克思主义关于发展的思想、总结中国和世界经济发展实践经验、吸收国外有益的发展理论成果的基础上形成的，深刻回答了什么是经济发展，如何进行经济发展和国家建设。

唯奋斗以自强，唯发展以长存[12]，中国共产党带领全国人民经过艰苦奋斗，使中国迈向了光明的新时代，我们的社会矛盾发生改变，但基本国情和国际地位没有变，我们的目标是要把我国建设成一个超一流大国。

共同富裕旨在提高民众的生活质量，消灭贫困消除两极分化，最终的目标是要总体富裕。共同富裕不是总体富裕，它是允许富裕出现差距的，经济发展要有一定的差别，这样国家前进才有希望，人民奋斗才有动力。“富裕”是指对财富所占的多寡，表现了社会的生产水平状况，“共同”是对生产资料的占有方式，共同富裕表明了发展方式的一致性和连贯性。我国建设的目标是使全国人民脱离贫困，经济发展水平差距缩小，生产资料和生产力分配均匀。历史和现实证明，实行平均主义，是行不通的。要坚持在普遍富裕的基础上仍遵循以按劳分配为原则，多种分配方式并存的分配制度。共同富裕一是物质方面，二是精神方面，民众要先能保证自己的衣食住行，才能再考虑自己的精神层面。建设社会主义现代化强国，国家发展注重经济效益和社会效益。物质生活的富裕并不代表精神生活的满足，若是物质需求得到实现，而精神世界是空虚的，则可能会变成一具“行尸走肉”，精神上没有指引，更容易被西方国家的文化价值观所影响。精神世界是充实的，然而并不能保证自己的温饱问题，这也是不科学的。

物质富裕不单单是国家综合国力的表现，精神富裕同样也是。精神力量是国家和民族振兴强盛的依托，以爱国主义精神、改革创新精神为动力。事物的发展是同一性和斗争性的统一，矛盾是普遍存在的，无时不有，在共同富裕中，从部分富裕发展到整体富裕，是由我国当前国情所决定的，发展不平衡，只能缓慢推行共同富裕的实践方式。在区域经济发展上，鼓励产业发展以东部地区为依托，向西部地区延伸，西部地区大量的未就业人才需要经济发展来协调。在个人收入分配上要注重效率和公平，解放生产力，发展生产力，从首次提出“共同富裕”思想到“贫穷不是社会主义”再到注重效率与公平、可持续发展以及全方位、多层次、宽领域发展，我们一步步走实现共同富裕道路。学习西方经济发展经验，依靠借鉴、竞争以及信念，马克思主义富强价值观应以改革和完善社会主义经济制度、促进发展先进社会生产力、增加国民财富为目标。马克思主义富强价值观，不仅提供认识和把握国家前进路线的思想武器，也提供经济建设的指南，实现社会主义目标的基本途径是创造，实现这些规定性的经济条件，特别是依靠发展生产力创造，经济内需将综合持续增加。

从开启共同富裕道路到新时代精准扶贫、“两个一百年”奋斗目标，要求改善人民生活水平，缩小差距，实现共同富裕，经济水平同综合国力进入新阶段。中国经济建设的实践要求马克思主义富强价值观成为指导中国经济改革和经济发展的理论基础。

综合国力强盛是一个国家在国际社会上具有发言权的评判标准，也是经济力量、政治影响、军事手段考核的总和。经济资源就是国民生产总值逐年上涨，经济发展向高质量发展转变，强化科技创新，运用核心技术提质增效，坚持创新发展，满足消费升级需求。一个国家或地区实现其经济增长、经济结构优化和经济质量提高的方法和模式，除了依靠经济增长方式外，还依靠产业层次变动，以及需求结构、收入分配、居民生活以及城乡结构、区域结构等的变化。优化和依靠社会福利的改善、经济环境协调、可持续发展等经济手段提高来实现经济发展的途径和方法，其关键在于部分推进实行和整体的协调运转。一国的经济发展方式是在一定历史条件下形成的，受到经济体制、经济发展水平的制约，具有一定的历史性，同时，它还具有时代性特征和可跨越性的特点。

科学技术发展的核心是以信息技术和信息产业为龙头的高科技及其产业的迅速发展，它提高了劳动者的劳动技能，创造出新的劳动资料和工艺方法、劳动者和生产资料的结合方法，从而推动生产力的发展，社会生产的组织内部同时也会形成不同的生产力。在人力资源上，我国每年有大量人才流入社会，包括海归人才，但高精尖人才仍旧缺乏，国家重点发展领域仍旧人手不够，需要加大人才受教育程度，对失业人员实现“兜底”保障。在自然资源中，重视可持续开采、农业种植面积、水资源和能源资源保护线，使用可再生能源和清洁能源。在军事方面，军事实力也是国家意志力的一种表达方式，要加强国防军事防御体系和国防后备人才保障。

马克思主义富强价值观在“富”“强”层面仍有较大发展空间，在发展过程中必须掌握硬实力的强劲。富强不是一蹴而就的，各种要素综合协同发展，占领科技制高点，推动产业优化升级，加快创新产业研发，这是衡量未来国家综合国力的重要指标，国家富强是中国迈入新时代后继续前行的保障。马克思主义富强观不是虚无缥缈的，是实在具体的，实现中国繁荣富强，我们要迎难而上，抓住机会，面对挫折，不断丰富马克思主义富强价值观的内容。

三、培育和践行马克思主义富强价值观的意义、要求和方法

（一）培育和践行马克思主义富强价值观的意义

马克思主义富强价值观在国家实力与中华民族伟大复兴的中国梦中占有重要地位，习近平总书记指出："实现中华民族伟大复兴，就是要实现国家富强、民族振兴、人民幸福。"富强价值观的践行保障了人民的美好生活，推进社会文明进步，让人民有平台有安全感，能够倾诉自己对国家发展的想法，维护人民意志。国家的发展和人民生活再创辉煌，都需要一个繁荣昌盛的中国，它应是经济实力雄厚、政治体制完善、军事防御强健的国家。

国家富强，关系中国特色社会主义的命运大局，是最根本的意识形态指引，富强既要有道路自信又要解决好中国问题，"中国梦"和"四个全面"为实现富强明方向、聚心力。[13]当前，我国已进入改革深水区、加快推进社会主义现代化建设，经济体制、社会结构、利益格局、生活方式的深刻变化，都是基于我们国家实力的强大。"社会生产力的发展，国家财富的创造，根本意义都在于丰富人民的物质生活和精神生活，进而促进人的自由全面发展。所以，实现富强的主体是人民，实现富强的最终目的是增进人民福祉。"[14]

（二）培育和践行马克思主义富强价值观的要求

为实现国家繁荣发展、人民共同富裕、把发展理念扎根到中国土壤中，习总书记强调"新时代全面建设社会主义现代化强国，实

现全体人民的繁荣富强的中国梦”。我们将“共同富裕”落实为奋斗目标，有了奋斗目标就有了具体要求，为了实现马克思主义富强价值观需要以下方面的实践。

1. 积极培育和践行社会主义的富强观

富强是人类共有的美好理想，但是，不同的价值体系中的富强观念并不完全相同。作为社会主义核心价值观之一的富强观念，显然与资本主义价值体系中的富强观有着本质性的差异。资本主义价值体系中的“富”主要体现在少数资本家和精英阶层中，财富集中于少数人手中，绝大多数人则与此无缘。资本主义价值体系中的“强”对内体现为对现存资本主义秩序的保护，对外体现为霸权主义，对弱小国家和民族任意侵略、打压、掠夺。作为社会主义核心价值观之一的富强观念，也与近代历史上那种少数官僚、买办、军阀大发横财而国家领土主权不断被侵犯、民族生存受到严重威胁、广大民众在死亡线上挣扎的半殖民地半封建式的“富强”观有着本质性的区别。中国特色社会主义的富强观对内强调人民性和公平性，强调共同富裕，强调全体人民共同分享改革开放带来的好处，反对少数特权阶层垄断经济发展的成果；对外则坚决捍卫民族独立和国家主权，反对霸权主义，强调民族无论大小一律平等，强调各民族和平共处，主张并致力于建设更加公平合理的国际秩序，建设合作共赢的人类命运共同体。

要使社会主义富强观内化于心、外化于行，必须把富强观念的培育与民主、文明、和谐等观念的培育有机结合起来，必须坚持把富强观念教育与爱国主义、国际主义有机结合起来，同时也必须把富强的价值目标落实到国家制度设计和发展规划之中。只有全社会都树立起了正确的富强观，才能为中国特色社会主义实践提供牢不可破的精神保障，才能防止资本主义国家司空见惯的财富为少数人独享、贫富两极分化严重、阶级矛盾冲突尖锐的现象，才能确保富强的成果为全体人民所共享，为全人类的发展带来福音，从而使中华民族伟大复兴的中国梦和人类和平发展的世界梦有机地融为一体。

2. 坚持走中国特色社会主义道路

这条道路就是在中国共产党的领导下，立足中国的基本国情，以经济建设为中心，坚持四项基本原则，深化改革，扩大开放，解放和发展社会生产力，建设社会主义市场经济、社会主义民主政治、社会主义先进文化、社会主义和谐社会、社会主义生态文明，促进人的全面发展，逐步实现全体人民共同富裕，建设富强民主文明和谐的社会主义现代化强国。这条道路是中国共产党百年来紧紧依靠人民，把马克思主义基本原理与中国实际和时代特征结合起来，独立自主走自己的路，历经千辛万苦，付出各种代价，取得革命建设改革伟大胜利而开创和发展出来的，从根本上改变了中华民族近代以来积贫积弱、任人宰割的命运，使国家走上了快速发展的道路，人民生活水平和国家综合国力迅速提高。实践证明，中国特色社会主义道路是当代中国发展进步的根本方向，只有中国特色社会主义才能发展中国、富强中国、造福人民、贡献世界。因此，要真正实现富强的价值目标，就必须增强全国人民对于中国特色社会主义道路、理论和制度的决心和自信，为中华民族的富强而努力奋斗。

3. 坚持以经济建设为中心，不断解放和发展生产力

马克思主义认为，物质资料的生产是一切历史的第一个前提，

生产力的发展是人类社会发展的决定性力量，是人类历史存在和发展的基础。由于中国目前乃至将来相当长一个时期内都处于中国特色社会主义初级阶段，人口多，底子薄，人民日益增长的美好生活需求与不平衡、不充分发展之间的矛盾将长期存在，因此，解放和发展生产力是中国特色社会主义的根本任务。要始终坚持以经济建设为中心，以科学发展为主题，深化改革，转换方式，调整结构，全面推进经济建设、政治建设、文化建设、社会建设、生态文明建设，实现以人为本、全面协调可持续的科学发展，把中国特色社会主义事业做大做强，增强综合国力、扩大国际影响，为实现“双百”目标奠定坚实的物质基础。

4. 加强人文建设

在党的领导下，坚持以人为本，坚持民主法治，各阶层人民和睦相处，如果经济发展的结果不是全员共享，而是部分群体看着另一群体获得满足，则会导致群体失落感，丧失积极性。建立公平保障体系，不仅是社会公平正义的体现，也是美好生活奋斗目标的要求。[15]为提高人民总体富裕程度、承接和弘扬中国自古所崇尚的“以和为贵”，社会主义核心价值观的推广，发挥好内涵渗透的作用，倡导主题实践，实施全员参与，运用活动载体，在思想上对马克思主义富强价值观高度凝练和重视。[16]总之，积极从精神层面上在全体人民中间培育并践行社会主义的富强观，必将凝聚起巨大的中国力量，为实现党的十八大所提出的“双百”目标和社会主义现代化强国奠定坚实的基础。

（三）培育和践行马克思主义富强价值观的方式

1. 通过教育宣传对国民进行和平主义教育

中国人向来具有厌恶战争、期求和平与安定的心理状态，习近平总书记提出的构建人类命运共同体的思想引起各国强烈反响，人与人、国与国之间存在一种互利共赢的关系，当今世界各国命运彼此相连、同舟共济，中国对外开放不是唱独角戏，中国愿与世界各国携手互利互惠。[17]通过正面引导，宣传富强价值观的内涵，全体社会成员共同参与，营造一个和平稳定的环境，才有条件实现共同富裕，实现国强民强。为构建人类命运共同体，中国愿一直为世界和平、全球发展、文明交流互赏做贡献，在历史与现实发展的潮流中，中国将自己的命运同世界各国联系起来，荣辱与共，共创美好未来。

2. 弘扬绿色发展消费理念

当今世界发展已不单单指经济实力的扩张，许多国家突出绿色生态的理念和内涵，尊重自然发展规律，着力解决经济发展对环境的破坏问题，加大生态环境监管保护，节约资源，绿色消费，让绿色发展成为一种新时尚。中国发展从“浅绿”“深绿”再到“泛绿”，积极践行世界环保组织、世界自然基金会、全球环境基金、国际绿色和平组织、地球之友所传播的理念。加快产业结构升级、推动绿色基础设施建设有助于推动人类命运共同体的构建[18]，保护好我们的地球母亲，坚持绿水青山即金山银山的发展理念。

3. 发挥人民群众的主体地位

马克思主义富强价值观兑现的前提是自己先要强大起来，个体强、人人强，从民富到国富，国民经济收入增加，生活水平提高，才能早日实现“中国梦”。从个人到国家，个体收入的提高、人的自由而全面发展、社会进步的保障是国家富强，民富国强、国强民强，社会主义的根本原则是人民主体至上、公正自由平等，中国共产党的理念就是“为中国人民谋利益，为中华民族谋复兴”，党的宗旨是全心全意为人民服务，保障良好的社会环境，我们的责任首先就是要爱国，爱中国这片土壤，然后为国家发展奉献自己的毕生精力。

4. 走和平发展道路

不搞大国主义，反对霸权主义、沙文主义，让爱国之心永葆心中，资本主义的吞并强食是不可取的，我们倡导全民共建共享。[19]在国际交流合作中尊重对方的国家地位，我们可以交流理念意志，不插手别国发展，不侵犯对方利益，不损害对方领土主权，让“一带一路”成果共享。随着全球信息交流共享，互联互通不仅仅是通信通航通商，更多的是传递和平理念，中国愿为世界发展贡献中国智慧和中国方案，传播亲、诚、惠、容思想理念，愿与世界各国携手共创美好未来。

马克思主义富强价值观在全党和全国人民的共同努力下，已取得巨大的成就，当前中国的富强程度是可观的，这一点是任何人都无法否定也不应否定的。但是，我们也应看到，在“富强”内部，其发展并不均衡，尚有一种有待完成的价值期待。面对世界范围经济思想文化交流交融交锋形势下价值观较量的新态势，面对改革开放和发展社会主义市场经济条件下思想意识多元多样多变的新特点，积极培育和践行马克思主义富强价值观，对于国家的富强、巩固全党全国人民团结奋斗的共同思想基础、促进人的全面发展、引领社会进步，对于聚焦实现中华民族伟大复兴中国梦的强大正能量，具有重要现实意义和深远历史意义。追求全面意义上的富强，依然是中国特色社会主义任重而道远的历史任务。

参考文献

[1] 胡宇萱、龙方成：《共享发展：新时代中国特色社会主义的价值追求》，载《湖南大学学报》，2019 年第 33 卷第 3 期。

[2] 杨冬梅、徐开金：《社会主义核心价值观富强之“强”的辩证理解》，载《阴山学刊》，2017 年第 30 卷第 6 期。

[3] 石纯民：《综合国力竞争“四深”是制高点》，载《中国国防报》，2016 年 9 月 19 日。

[4] 宋亦明、黄灿灿、崔琪：《综合国力定量衡量》，载《区域经济，2016 年第 7 期。

[5] 陈曙光：《论“每个人自由全面发展”》，载《北京大学学报》，2019 年第 56 卷第 2 期。

[6] 韩风春、毕佳佳、吴俊媛：《富强在社会主义核心价值观中的内涵和要义》，载《福建省社会主义学院学报》，2019 年第 2 期。

[7] 习近平：《决胜全面建设小康社会 夺取新时代中国特色社会主义伟大胜利——在中国共产党第十九次全国代表大会上的报告》，人民出版社 2017 年版，第 4 页。

[8] 李娜：《马克思现代性批判思想视域下新时代共同富裕的

实现研究》，载《现代交际》，2019 年第 7 期。

[9] 陈凌：《中国的发展是世界的机遇》，载《人民日报》，2019 年 5 月 29 日。

[10] 薛艳丽：《论中国特色社会主义核心价值观之一——富强的内涵》，载《华人时刊》，2014 年第 8 期。

[11] 李周：《乡村振兴：从温饱走向富裕》，载《求索》，2019 年第 3 期。

[12] 赵廷虎：《长风破浪会有时　直挂云帆济沧海——必须坚持以发展为第一要务，不断增强我国综合国力》，载《当代党员》，2019 年第 2 期。

[13] 黄明理、程璐：《国家核心价值观之“富强”》，载《当代中国价值研究》，2016 年第 5 期。

[14] 杨晓光、王爱芹：《社会主义核心价值观之富强实现路》，载《福建质量管理》，2015 年第 10 期。

[15] 左伟：《新时代共同富裕的实现保障及其路径探索》，载《理论月刊》，2019 年第 5 期。

[16] 刘琪：《实现共同富裕的基本条件有哪些》，载《人民论坛》，2018 年第 35 期。

[17] 梁艳红、王恬：《学习贯彻习近平总书记外交思想奋力开拓中国特色大国外交新局面》，载《人民日报》，2017 年 8 月 30 日。

[18] 李永胜、万媛：《绿色发展与人类命运共同体理念高度契合》，载《辽宁日报》，2019 年 5 月 28 日。

[19] 范富：《关于富强价值观基本内涵的思考与研判》，载《太原日报》，2014 年 9 月 19 日。

第四章　马克思主义视域下的民主价值观

民主是一个内涵十分丰富的概念，不同的角度有不同的含义。“民主”一词起源于希腊文。根据古希腊著名的历史学家希罗多德的《历史》一书中有关民主含义的表述，可以从词性的角度来讲述它的含义。作为一个名词，民主就是指人民的权力。作为一个动词，民主可以指人民选举选区代表来统治和治理国家。在当今世界，民主越来越受到广泛的关注，关系到不同国家不同民族的切身利益。随着社会的发展，马克思的民主观传入中国，他在《共产党宣言》中指出：“工人革命的第一步就是要使无产阶级上升为统治阶级，争得民主。”[1]这种与统治阶级有关的民主作为一种国家制度，代表一种理念，一种作风，是社会主义社会的一个显著特征。因此，为了发展民主，传递民主价值观，继马克思主义民主价值观诞生以后，中国特色社会主义民主又在马克思主义的指导下不断丰富着民主价值观的内涵。但我们队伍中部分人还存在对民主不清晰的认识，一些国家企图以其价值观对我国意识形态进行渗透。因此，以民主观为研究主题是必不可少的，研究马克思主义民主价值观理论本质，系统地阐述马克思主义民主价值观、中国特色民主价值观，对于我国人民正确认识民主、践行民主价值观有重要的意义。

一、马克思主义民主思想的主要内容

马克思主义经典作家在深刻了解各个历史阶段民主的基础之上揭示了以往民主价值观的缺陷，汲取了民主价值观的精华，发展成了马克思主义民主价值观，这些理论思想凝聚了马克思恩格斯对民主问题的基本理论观点，现将主要内容呈现在以下几方面：

（一）民主的实质

马克思指出："民主是作为类概念的国家制度。君主制则只是国家制度的一种，并且是不好的一种。"[2]君主制和民主制度这种国家制度的本质是相同的，都是一个阶级压迫另一个阶级的工具。民主制度还与私有财产紧密相连。马克思指出，国家制度只是私有财产的国家制度，这也就是说，私人财产占有制是国家制度产生的物质基础。马克思恩格斯还提出要建立一种真正的国家制度，这种国家制度是可以体现人民的意志，实现人民的权利，但是人民主权的实现意味着要消灭私有制，建立新的国家制度。而这种新的国家制度的建立就要通过无产阶级专政来实现。因此，无产阶级专政就是社会主义社会所追求的目标。无产阶级专政使原来的国家不算真正意义上的国家。在资本主义社会，少数人掌握权力，这还是原来意义的国家，但是无产阶级专政的目的是推翻资本主义的剥削，实现人民当家做主，这样就使得国家失去了原来的意义，才能真正体现民主的实质。既然民主是一种国家制度，那么国家的消失也就意味着民主地位消失，在无产阶级专政时代，虽然需要国家，但是是为了消灭阶级。随着生产力的发展，国家渐渐消失，阶级渐渐消失，国家也会减少干预，民主也越来越不被需要，作为国家制度的民主随着国家制度的消失而消失，这样，民主便实现了最高的意义。

（二）民主的特征

1. 民主具有阶级性

民主是阶级的民主，不同的阶级掌握政权后实行其所需要的民主。民主的实质可以作为一种国家制度，国家制度决定一个国家的性质。“民主不是纯粹的、抽象的、绝对的，它作为一种国家制度和政治制度，以及作为意识形态，属于上层建筑的范畴，归根到底是由一定的经济基础决定的。”[3]不同的制度为不同的阶级与意识形态服务。在社会主义国家，人民作为国家的主人，可以通过各种活动参与国家事务的管理，实现自己的权力。资产阶级民主是伴随着资产阶级革命的胜利而建立起来的一种制度，否定了过去的君主制，发展了议会制和选举制，但是资产阶级在具有进步性的同时也具有局限性，资产阶级民主的实质是实现资产阶级内部人员的意志，是对广大劳动人民和无产阶级专政。资本主义国家的本质在经济方面体现为生产资料私有制，以财富作为权利的基础，用财富保障权利的实施。由此，可以看出社会主义国家的民主才更能体现广泛性与真实性。马克思恩格斯深刻批判了资产阶级民主自由的虚伪性，他认为资产阶级的自由是建立在资本主义集团内部的自由。只有资产阶级的利益与无产阶级的利益结合在一起，自由、民主才能存在。

因此，不同的阶级民主价值观有不同的表现，充分体现出民主的阶级性。

2. 民主具有目的性

民主作为一种目标，伴随着任务产生。要想达到一定的目的必然需要完成一定的任务。从社会主义的民主价值观来讲，无产阶级的目标就是实现人民的权力，让人们当家做主，因此无产阶级革命的重要任务就是使用暴力推翻资产阶级的统治，使自己成为有充分民主权利的统治阶级，在最广大的劳动人民内部实行最广泛的民主。在以往的社会，民主价值观的目的体现在为少数人服务，因为有剥削和压迫，很少有劳动人民享受过真正的民主。因此，只有进入社会主义社会，劳动人民才可能真正享有民主。

（三）民主和自由

1. 马克思主义自由的含义及特点

民主与自由的关系是广大人民群众获得民主权利必须认清的一对辩证关系。马克思将自由划分为两个范畴：哲学和政治意义上的自由，哲学意义上的自由是指对必然性的认识深刻程度，政治上的自由是相对于奴役、专制而言。马克思主义认为的政治自由是在法律范围内参加政治生活，发表个人愿望的权利。这样的政治自由有以下特点：第一，具有历史性。任何政治自由都属于上层建筑，而上层建筑又是为经济基础服务。因此，随着不同历史时期经济基础的发展，上层建筑也会改变自己的内容。第二，具有阶级性。掌握政权的阶级拥有决定政治自由实质的权利。自由是建立在满足需要的条件下产生的，而在社会生产力有限的情况下，一些人只能靠另一些人满足需要，因此政治自由只局限于一小部分。因此，要想真正使人民当家做主，只有建立最广泛阶级掌握的政权，才能实现政治自由。

2. 民主与自由的关系

民主和自由有着紧密的联系。具体来说，他们之间的关系表现在以下几方面。首先，自由属于民主的前提，民主可以是自由的保障。没有民主就没有自由，只有在人们获得了自由的条件下，才可能实现民主，因为自由是一种摆脱了束缚状态的民主，而人们只有摆脱了束缚状态才能享有民主权利。自由，使人们能够独立思考，能独立表达自己的观点，这是实现民主的首要条件。人类只有具备了独立思考的能力才能有不被他人所影响的可能，才能做出自己的判断。党的十一届三中全会后，解放思想实事求是的价值观深入人心，为民主的发展提供了更好的机会。其次，自由与民主的发展相互依赖，相互促进。民主的发展需要依赖自由的发展，一方面，自由而宽松的社会条件，有利于广大人民根据民主、自己的观念践行自己的民主权利，从而发挥广大人民的创新精神，另一方面，人们自由的科学认识也有利于推动民主的进步，正确的自由意识会促进民主的发展，错误的自由意识会阻碍民主的发展。民主的发展推动着自由的发展，随着社会主义的发展，人民享有的自由权利也将越来越广泛。总之，民主与自由是不可分割和相辅相成的，共同发展是社会发展的规律。

3. 树立对民主与自由关系的正确态度

正确认识和处理民主的关系是推动社会的政治发展的一个重要条件。一方面，二者的联系要求我们在建设社会主义民主的同时，关注人民的自由权利，因为自由是民主的前提，因此必须同时关注人民的自由和民主权利的实现情况。另一方面，二者的区别要求我们不能用社会主义自由代替社会主义民主。此外，无产阶级者列宁说过，实践高于理论，我们还应该在实践中认真领悟二者之间的关系。

（四）民主和集中

民主与集中既相互联系又相互区别，二者辩证统一。无产阶级政党在总结具体实践经验的基础之上，提出了民主集中制原则。并且使民主集中制原则成了中国共产党必须坚持的一项基本政治制度。民主与集中的关系表现在：首先，民主是集中的前提。民主集中制最初是由马克思和恩格斯针对无产阶级政党的组织原则建立起来的原则。集中要建立在广泛的民主思想的基础之上才能实现最大的意义，因此，没有民主就没有集中。其次，集中是民主的保障。社会主义政党只有充分尊重人民的意见，才能代表人民的利益，才能制定出正确的路线。将大众的意见集合，使广泛的意见被推敲，被采纳，经过实施起到良好的效果，才能激发广大人民更多的智慧，从而实现更高意义的民主。这个过程必须坚持以民主集中制原则为指导方向。在民主集中制原则的基础上，马克思恩格斯还高度重视无产阶级政党，强调无产阶级革命的实现必须坚持党的领导。因此，无产阶级政党必须坚持以马克思主义的意识形态为指导思想，不断努力加强自身建设，必须牢记自己的历史使命。强调坚持党内的民主制和集中制的统一，无产阶级政党并不是将每个党员简单相加，而是按照一定原则和标准结合起来的统一整体。只有坚持民主集中制，无产阶级政党才能够真正担负起自己的使命，才能更有信心实现自己的目标。

二、民主作为马克思主义价值观的当代内涵

以党的十八大为节点，以习近平同志为核心的党中央领导集体经过不断实践，不断升华理论，进一步丰富了民主政治思想，提出了一系列民主理论。从整个历史发展的角度看，民主价值观作为一种国家制度，体现国家性质，为一个国家的实践发展提供方向性的指导。从指导实践的角度看，民主价值观又是一种观念，而价值观念体现了一个国家运行所追求的目标、遵循的原则。随着民主思想的不断发展，有关民主的新思想也越来越深入人心，为中国改革实践奠定了基础。所有的政治思想都是为实现民主化而服务。政治思想主要体现在领导核心、基本途径、动力来源、基本目标几方面。

（一）领导核心

中国共产党是中国得以发展的可靠保证。习近平总书记指出："中国共产党的领导是中国特色社会主义最本质的特征。"[4]在俄国十月革命的影响下，马克思主义传入中国，为中国共产党提供了指明灯。历史上多少仁人志士追求民主的结果都为中国共产党的伟大做了证明，中国共产党带领人民建立了属于人民的制度，使民主理念得到进一步贯彻。习近平总书记高度肯定了中国共产党的历史作用，只有坚持党的领导的正确的方向，社会主义才能发展得更加美好，

民主价值观才能更好地发挥作用。因此发展中国特色社会主义事业必须肯定中国共产党的领导。

（二）基本途径

途径与制度政策联系紧密。途径是实施政策、体现制度的一个过程。实现权力的途径主要表现在基本政治制度上。当前中国的政体是人民代表大会制度，人民代表大会主要依靠选举制建立起来。为了提高选举制度的有效性，习近平总书记同时提出了协商民主，建立了属于中国特色的政治协商制度。选举和协商是民主的灵魂和实现途径，是保障公平正义的重要环节。选举和协商的规范程度是实现民主的一个重要条件。为了充分体现民主价值观，必须将选举和协商落到实处，在提建议和投票的过程中从人民的角度进行思考以及实践。“社会主义民主观为中国民主实践形式的多元化拓展奠定了思想基础。健全社会主义协商民主制度和完善基层民主制度是我国政治体制改革的关键出路。”[5]因此，必须将协商民主与选举制相结合增强民主的广泛性，提高人民对制度的认可度。

（三）动力来源

改革和革命是社会变化的主要力量。社会主义革命的胜利促进了社会主义国家的成立，社会主义国家的成立标志着社会主义革命的完成。一个国家的改革首先要立足于经济，经济发展了民主才有发展的条件。“经济决定政治，中国特色社会主义市场经济对我国民主政治发展产生了非常重大的影响。”[6]党的十一届三中全会后，属于中国特色的市场经济开始发展，这一创举使我国的经济发展发生了质的飞跃。正是基于改革后的中国特色社会主义市场经济，使我国目前成为世界第二大经济体，从而使经济发展对政治体制产生了良好的影响。因此，只有通过改革，发展市场经济，才能建立高度的民主和健全的法制，才能推动上层建筑的健康发展。改革是实现政治结构合理化和政治管理高效化的必由之路；中国特色社会主义市场经济的发展不仅对政治体系提出了民主化的要求，还提出了法制化的要求。因为经济发展的过程会受到各种因素的影响，必须从各方面进行改革，从政治体制的高效运转的目的性来说，要改革政治体制，简政放权，促进规范化；从市场经济的发展考虑，要完善市场机制体制，分配制度。将改革贯彻到经济社会各方面，为社会的发展创造更好的条件。

（四）基本目标

追求广泛的民主与健全的法制是当前政治改革所追求的目标。习近平总书记高度重视民主化与法制化，强调以依法治国为中心，开拓出依法治国的新局面。法律是具有强制性的，具有规范人民最低原则的作用，法制是一个国家的民主程度发展的最重要的体现。因此要在国家各方面推进法律进程，逐步形成以宪法为核心的中国特色社会主义法律体系。实践是法律的基础，要坚持在实践中按照法律的原则办事，维护宪法的权威、尊严，创造良好的法制环境。努力让每个人都享受公平、正义。“政治发展的制度化和法治化有助于增强政治发展的制度认同。”[7] 同时必须提高执政党治理能力和健全治理体系，坚持依法执政，坚持党的领导，实现人民当家做主与依法治国的有机统一。当前，习近平法治思想是我们党和人民应该遵循的指导思想，这要求我们必须具备法制思维，思维、言语、行动都必须基于法律的原则，为社会创造良好的法治氛围。

三、培育和践行马克思主义民主价值观的意义、要求和方式

（一）培育和践行马克思主义民主价值观的意义

1. 有利于坚持党的领导，是树立正确的马克思主义民主价值观的需要

中国共产党的领导是社会主义社会的鲜明特征，没有党的领导，就不能坚持正确的民主方向。民主又有各种各样的性质，对于一个国家来说，发展什么样的民主是根本性的方向问题。只有坚持正确的方向，才能发展符合国家发展的民主，我国是社会主义国家，只能发展社会主义民主，只能坚持中国共产党的民主。在中国共产党的领导下，我国各项事业蓬勃发展，取得优秀的成绩。历史和现实都证明，只有在共产党的领导下，巩固和发展团结的政治局面才能持续发展，从而顺利地进行社会主义民主建设。但是随着社会的发展，各种价值观在不断冲蚀着人们的思想。当代青年正处于价值观塑造的关键阶段，拥有正确的价值观对于价值观的形成有重要的作用。因此必须引导广大人民，尤其是树立正确的思想政治方向，为践行民主价值观创造良好的思想基础。

2. 有利于划清社会主义民主与资本主义民主的区别

社会主义民主和资本主义民主是本质不同的两种价值观，分清二者的联系与区别对于我们坚持社会主义民主的发展方向有重要的意义。就本质而言，“社会主义民主价值观由特指的‘民之主人’

和‘民之当家做主’界定为集体本位主义的价值观。欧美资本主义民主价值观由泛指的‘人民统治’和‘人民的权利’界定，因其‘民’被泛化和个体化，并以保护‘私’为价值追求，所以是个人本位主义的价值观”[8]。从资本主义国家实现民主的出发点来思考他们的行为，“当资产阶级夺取政权变为统治阶级后，其特殊的利益与其他非统治阶级的共同利益发生矛盾，资产阶级所宣扬的民主、自由、平等就变成迷惑其他阶级的虚伪思想。为了缓和矛盾，巩固政权，资产阶级把民主、自由、平等的思想进行包装，变成普世价值进行宣扬”[9]。社会主义民主是从广大人民的角度思考问题，社会主义公有制就可以体现。只有在社会主义国家，消灭剥削和压迫，才能真正意义上保障人民主权。

3. 有利于培养人民的主人翁意识

国家主席习近平在庆祝中国人民政治协商会议成立 65 周年大会上的讲话指出：“保证和支持人民当家做主，通过依法选举、让人民的代表来参与国家生活和社会生活的管理是十分重要的，通过选举以外的制度和方式让人民参与国家生活和社会生活的管理也是十分重要的。”[10]人民当家做主是我国民主的主要特色，人民通过各种途径管理国家事务是中国特色社会主义事业顺利发展的重要条件，只有人民感受到自己真实存在的权力，民主价值观才能被越来越多的人民所接受。因此，必须让广大人民深入了解民主的概念与内涵，将民主观念落实到每个人的身上，才能提高人民参与国家管理的积极性，才能提高人民的主人翁意识。

（二）培育和践行马克思主义民主价值观的要求

1. 坚持党的领导、人民当家做主、依法治国的有机统一

中国共产党领导是人民当家做主的可靠保证，也是社会主义社会的基本特征。中国共产党坚持以马克思主义为指导思想，是工人阶级的代表。我国的国体是人民民主专政的社会主义国家，实现民主化就是保障人民享有更广泛的民主权利。因此，为了实现广大人民的根本利益，必须坚持中国共产党的领导；实现民主化，要求按照人民的意愿行使权力，而干部的权力是人民赋予的，必须接受人民的监督，人民当家做主的本质才能保证。“社会的主体是一个个具体的人，实际上是人民将权力让渡给国家，也就是人民理应对国家权力进行监督。”[11]民主监督要坚持党内监督、法律监督与群众监督相结合。加强党内监督有利于政策的实施，加强法律的监督有利于维护宪法的权威，对领导干部的监督有利于防止贪污腐败。民主与法制密不可分，有着紧密的联系。民主是法制的基础，法制是民主的保障。“民主是人民利益的一种法制化体现。”[12]只有坚实的法律作为后盾，民主才能发展。法律越来越健全，民主才能越来越广泛。因此，要不断普及法制的观念，让更多的人接触到法律，了解法律，认识法律，维护法律的权威，坚持依法治国的理念，建设法治国家。

党的领导、人民当家做主、依法治国，三者缺一不可。党的领导是实现人民当家做主的重要保障，为人民服务是中国共产党的宗旨，依法治国是实现党的领导人民当家做主的手段。只有将三者统一于中国特色社会主义的伟大实践，才能更好地贯彻民主价值观。

2. 坚持实质民主与形式民主的统一

从民主的渊源和本质来看，民主的实质是人民民主，也就是实

现人民当家做主。因此，可以说人民民主是民主的核心内容。而民主的实现形式也即以自己的权力实现自己的意志的方式。当前我国实现民主的主要方式主要表现为选举民主和协商民主，具体体现在各种制度方面，比如，人民代表大会制度、多党合作制度、政治协商制度、民族区域自治制度、基层群众自治制度。社会主义民主要求在内容上确保人民当家做主，在形式上保障人民的权力。社会主义民主是一个不断发展和完善的过程，要深入了解人民当家做主的内涵，就要摸索人民权力的实现途径，用制度来安排人民权力的实现方式，用法律来保障人民权力的实现。

3. 坚持中国特色社会主义民主

中国特色社会主义民主是一个发展过程。共产党人经过革命与实践，不断总结经验，在将马克思主义民主观与中国社会的具体实际相结合的基础上，总结和发展了属于中国特色的民主思想，并且随着时间的推移还在不断地丰富和发展。要想实现中国特色社会主义民主，就必须坚持中国特色社会主义民主的理论成果。坚持中国特色社会主义民主，坚持我国的国体和政体。在我国必须坚持人民民主专政的国体。人民民主专政是指无产阶级专政。毛泽东同志指出："我们的民主不是资产阶级的民主，而是人民民主，这就是无产阶级领导的、以工农联盟为基础的人民民主专政。"[13]它的特色表现在将民族资产阶级划分为人民的范围。还必须坚持人民代表大会的政体。政体就是政权组织形式，我国的政体形式是人民代表大会制度。人民代表大会是实现我国人民当家做主的有效途径，有利于中国共产党的统一领导。协商民主也是我国的一大特色，中国共产党领导的多党合作和政治协商制度是基于历史条件的伟大创造，必须坚持协商民主，才能广泛集中民智，调动人民的积极性参与国家事务的管理。

（三）培育和践行马克思主义民主价值观的方式

1. 加强民主价值观教育

思想支配行动，人的一切行动都是在思想支配下的理性活动，没有正确的民主意识，就没有正确的民主行动。而正确的民主意识需要用正确的方式教育普及民主价值观。大学生正处于人生观价值观形成的关键时期，加强高校民主价值观教育有利于增强民主价值观教育的实效性，让大家明白民主的内涵实质以及实现方式。“高校思政课是大学生民主价值观教育的主渠道。”[14]民主价值观的教育不仅可以体现在学校教育，还要融入社会生活的各个领域。随着互联网的不断发展，计算机对人们的影响越来越大，因此可以借助网络宣传民主价值观，通过网络创新民主践行的方式。要想实现共产主义的崇高理想，就必须加强民主价值观教育。我国是人民当家做主的社会主义国家，每个人都与民主有着密不可分的关系，加强民主价值观教育，对于民主的完善和发展有重要的意义。因此要教育广大人民群众树立民主思想，重视民主理念，使民主价值观成为民主发展的动力。

2. 加强建设基层民主

基层民主是我国民主政治的重要方面，是人民实现民主权利的重要体现。基层民主是我国建设民主的最基础的部分。要想加强基层民主建设，首先要落实好选举制度，增强民主选举和民主协商的透明度，杜绝一切贪污腐败的行为。设立村民委员会与居民委员会，实行政务公开。其次，提高民主的实施度。真正发扬民主，坚持大家办大家的事情，努力实现民主化的目标。最后，要确保基层自治权利的独立性，防止出现党组织干预更多任务的状况。基层民主建设有利于人民直接行使管理国家的权力，参与国家管理，从而提升广大人民的幸福感，因此，必须加强基层民主建设。实现民主的突出表现就是调动广大人民管理国家的积极性，发挥人民参与国家管理的作用。只有人民真切地体会到民主的存在，才能使民主价值观深入人心，自觉树立民主价值观。

3. 加强党内民主

中国共产党是中国的执政党，党的领导与人民的权力有着密不可分的关系。加强党内民主建设可以使权力的行使更加透明合理，提升人民群众对党的信任，提高党的执政能力。党组织需要建立健全党内生活制度，建立健全党内监督制度，提高党内的民主化程度，坚持民主集中制的原则，使民主价值观对每个党员产生潜移默化的影响，自觉接受人民的监督，自己按照民主的原则争取自己的权利，不断促进民主的发展。

民主是社会主义社会所追求的根本目标之一，也是推动社会主义建设的动力之一，没有民主的保证和实施，就不会有社会主义建设的成功。党的十九大以来，我国的经济社会发展取得了显著的成就，中国特色社会主义已进入了新时代，其中一个最重要的原因就是践行了社会主义民主价值观，激发了广大人民群众的积极性和创造性。历史已经证明，践行马克思主义民主价值观对社会主义的发展有重要作用。因此在当今民主价值观越来越重要的时代，要想继续发展社会主义，并且战胜资本主义，不仅要重视经济，更要重视加强民主价值观教育。

参考文献

[1] 中共中央马克思恩格斯列宁斯大林著作编译局:《马克思恩格斯选集》第1卷,人民出版社1995年版,第272页。

[2] 中共中央马克思恩格斯列宁斯大林著作编译局:《马克思恩格斯全集》第1卷,人民出版社1956年版,第280页。

[3] 姜辉、赵培杰:《树立科学的马克思主义民主观》,载《政治学研究,2010年第3期。

[4]《习近平谈治国理政》第2卷,外文出版社2017年版,第18页。

[5] 张磊:《论中国特色社会主义民主观》,载《理论月刊》,2015年第11期。

[6] 张文彬:《中国特色协商民主实践动力分析》,载《阴山学刊》,2017年第6期。

[7] 胡荣涛:《习近平关于中国特色社会主义政治发展的重要论述探析》,载《厦门特区党校学报》,2019年第2期。

[8] 李敏伦、朱桂莲:《两种民主价值观内涵及发展趋势解析》,载《石家庄学院学报》,2017年第2期。

[9] 董蓓:《论大学生社会主义民主价值观培育的重要性》,载《大学教育》,2019年第3期。

[10] 习近平:《在庆祝中国人民政治协商会议成立65周年大会上的讲话》,载《世纪行》,2014年第9期。

[11] 崔晨涛：《中国特色社会主义民主观对马克思主义民主观的继承和发展》，载《观察与思考》，2016 年第 2 期。

[12] 习近平：《摆脱贫困》，福建人民出版社 1992 年版，第 62 页。

[13]《毛泽东文集》第 6 卷，人民出版社 1999 年版，第 326 页。

[14] 黄长健：《高校思政课加强社会主义民主价值观教育的思考》，载《法制与社会》，2017 年第 27 期。

第五章 马克思主义视域下的文明价值观

文明是一个全世界人民都在关注的话题，随着人与人之间的交往日益密切，各国之间的交流日益广泛，人们对自身文化与文明的认同性得到进一步加深。成为世界文明中心或地区性的文明中心，是很多国家正在加速做的工作，同时也是国家实力最为全面的反映之一。

文明是社会历史向一定阶段发展的结果，是人类社会在经济和文化发展到一定程度的产物，人类的文明可分为四大体系，在文明的历史长河之中，不会因为地域的不同，文化的差异以及社会性质的不同而改变。这是用马克思唯物史观和自然观之统一理论观察人类文明结构得出来的必然结论，也令我们对文明有了一个更加清晰的认识。在一定意义上，文明作为标尺衡量着各个民族、国家进步的速度和程度。通过研究马克思主义文明观，给人类的文明实践活动提供了诸多启示。

马克思主义文明思想为我国现代与今后的社会主义精神文明建设都给予了理论指导。我国在社会主义精神文明建设领域卓有成效，并在马克思主义的理论实践上获得了宝贵的经验。而针对马克思主义文明思想进行研究，不仅可以为我国社会主义精神文明建设的有关理论提供发展动力，还能够为我国的社会主义现代化建设提供理论上的指导与帮助。对于马克思文明思想理论的探索与研究，不管是现在还是未来，都是我国进行社会主义现代化文明建设需要探讨的重要的理论课题。

一、马克思主义文明思想的主要内容

文明是社会历史向一定阶段发展的结果，是交流方式与生产方式在人类社会发展到一定程度的产物，在文明的历史长河中，对于不同的地区和不同的领域，又或者是不同社会和不同国家，人类文明的四大主要构成都是物质文明、政治文明、精神文明和生态文明，这是用马克思唯物史观和自然观的统一理论观察人类文明结构得出来的必然结论。[1]因此，四种丰富的文明都包含在了马克思主义的理论体系中，形成了马克思主义文明观。[2]

（一）物质文明

人们最开始的活动是为了获取足够的物质生活资料，这是最原始的活动，在这个时期，人们一切活动的目的都只是为了获取维持其生存的食物，这是人们为了能够生活必须每时每刻都要进行的一种历史活动。所有活动都源于对物质需求的满足，物质生产活动为历史的发展奠定了基础。[3]因此物质文明可以从两方面来表示：一方面是物质生活条件的提高，以及人民生活水平的上升；另一方面是生产力水平和物质需求的满足的程度。人类通过对外部世界的改造，对物质财富的创造取得了物质文明的果实，这是社会进步程度的体现和象征。[4]

（二）精神文明

对于精神文明的理解和阐释，党的十二大报告中有具体的阐述。报告中指出，精神文明，就是社会的精神生产以及精神生活的成果，主要是教育、科学、文化知识的发展和人们思想道德水平的提高。人类在改变主观世界、客观世界以及智慧和道德进步的过程中，所取得的精神成就的总和就是精神文明。[5]

人类在实践活动之初所形成的是零散的、不系统的精神文明，随着社会的发展，它的内容不断得到更新和补充。社会主义精神文明以马克思主义为指导，建立在人民群众的基础之上。现代化建设的重要目标是建立新型的精神文明。它主要表现在两方面：首先是社会文化方面，包括社会的文明、智力的状况，教育、科学、文化、价值观等各方面的发展水平。其次是道德方面，主要包括社会的道德修养、社会风气以及人们的情感、理想、世界观。精神文明的建设有利于推动社会上物质文明的健康发展，保障社会的思想道德与政治良好运转，为社会的发展提供智力支持。

物质文明决定着精神文明，物质生产决定精神生产，所以，任何精神文明的存在，都有一定的载体，精神文明载体总是和精神文明形成的方式与存在相联系。精神文明的载体使精神文明的生成与存在得以显现，在空间上得以传播和交流，在社会进程中得以传承与保存，精神文明的显现、传播、传承与保存绝对不能脱离精神文明的载体。

（三）政治文明

马克思恩格斯指出，人们在实践活动中创造出了丰富的物质生活资料，同时，社会的精神层面也得到了相应的发展。政治是国家治理能力和水平的重要体现，要时刻跟随社会的发展，与社会物质、精神的发展相符合，政治文明才会得以发展。政治是建立在一定的经济基础上的上层建筑，主要是指社会公共权力的活动、形式及其关系。[6]马克思在《关于现代国家的著作的计划草稿》中首次使用了“政治文明”的概念[7]，主要包括政治制度、意识以及行为文明等，是人们在实践活动中积累的有关政治经验以及成果的总和。政治文明随着社会的进步不断进步和发展。

（四）生态文明

在传统意义上，生态指的是人类生存和发展的自然环境，生态和文明两个要素构成了生态文明这个概念。人作为地球生命系统的一部分，必须从生态环境中不断地获取养分和能量，确保人类在生物学上的意义所在。人类必须在尊重客观规律、保护生态环境的前提下，利用和改造自然，维持自身的发展。人类社会在一定条件下改变了自然生态发展规律的某些条件，在实践中通过对生态环境的优化形成了生态文明。

马克思主义的思想中，具有非常丰富的生态文明思想。马克思恩格斯关于人与自然的思想，为解决我们当代的生态环境问题奠定了基础，它对我们遵循自然规律办事、维持人类和自然界和谐相处具有直接的指导功能，为建设和谐的社会、解决生态环境的问题提供了思想武器。马克思恩格斯揭露了资本主义社会的生态环境问题，详尽地分析了资本主义社会中关于生态环境污染的问题，深层次地剖析了造成这种问题的根源。

马克思恩格斯在人与自然的关系中，主张把解决人与人之间的矛盾问题放在首位，为当代如何解决生态环境问题奠定了基础，提供了思路。马克思主义发展的各个层面都体现了这一思路不同程度的丰富和发展。另一方面，现代各种各样的绿色理论，有助于我们开阔视野、启发思想，在生态环境问题方面较有价值。我们要运用马克思主义的观点，对比、借鉴和创新各种绿色的理论。

在我国社会经济发展的过程中，由于以往对于环境问题的忽视，生态环境问题也凸显了出来。党在十七大报告中提出，小康社会要实现的新目标是建设生态文明。中国共产党提出了推进科学发展观、构建和谐社会新思维，特别是倡导建设生态文明，促进文明理论的发展、丰富和完善，充分体现了对马克思主义生态文明思想的弘扬和发展，构成了马克思主义体制中的重要组成要素。

二、文明作为马克思主义价值观的当代内涵

文明作为马克思主义价值观的当代内涵，集中体现在社会主义核心价值观的文明当中。关于社会主义文明的研究，是当前马克思主义文明理论研究的重点。有学者认为，物质文明、精神文明、政治文明、生态文明不仅是社会主义文明的基本结构，而且也构成任何时候、地域、民族、国家的人类文明的基本要素。

（一）国家层面

把文明确定为我国国家层面的价值目标，是完全正确而又非常有必要的[8]，以文明为导向，制定相应的原则和措施，致力于将中国推向世界文化强国的舞台。

文明的进步是长久以来中华民族渴望实现的价值目标。要促进社会的协调发展，就要把建设社会主义文明国家作为国家建设的核心准则，从而加快各个层面文明的全面发展，利用国家有关机关、政府机构，全力去建设社会主义的文明国家[9]，建设一个富强文明的现代化强国，实现中华民族的伟大复兴的中国梦，这是中华人民一直以来的梦想。

人具有主体差异性，不同的个人由于其生活环境的不同以及需求的不同，对于同一事物的价值判断是不同的，任何一个国家和社会，都是多种价值观念和价值取向并存的。要想让国家和社会实现长治久安，就有必要建立一个与其经济基础和政治制度相适应、具有强大感染力的核心价值观，凝聚社会的意志和力量，以此来推动社会的发展。

（二）社会层面

中华民族的伟大复兴，培育的是一种有别于西方文明的新文明，在社会层面上主要表现为推进新型的物质、精神、政治和生态文明。自20世纪末以来，我们在物质、精神、政治、生态文明等领域取得了一些成效，但在这个过程中也暴露出一些棘手的问题。例如，食品安全、社会风气、道德风气等方面的问题，这些问题让我们不得不去思考，文明价值观需要什么样的道路去发展。经济基础决定上层建筑，人们的生活方式、思想意识、制度环境会反作用于经济基础，如果在与人们日常生活方式密切相关的上层建筑领域内出现严重的问题，将会使社会生产力发展滞后。因此我们要从全面深化改革的角度出发，提升生产发展的质量，使人民生活更加富裕，生态环境更加美好。

（三）个人层面

众所周知，中国是文明的礼仪国家。当代社会在物质上变得富裕，公民素质必须跟得上。如何提高公民素质是个老话题，值得我们去思考。社会上的不文明现象，不仅会危害到国家的文明，甚至会影响到人们的日常生活。

文明作为国家人民的价值理念，指的是公民具有良好的道德修养、社会有繁荣的文化，文明的公民行为是基础，社会的文明存在于每一位公民的日常生活中，它就像是空气一样必不可少。随着物质文化的富足，精神文明被重视，国民素质不断提高，弘扬兴国之魂、强国之魂的精神力量，实现梦想的繁荣，振兴中华民族和国家，其发展成果必将造福各国人民，使其不断走向共同繁荣。

习近平总书记指出，要想让价值观体现出其真正的意义，就必须将价值观与生活相融合，并在实践中发挥出其所具备的真正的作用，落实在生活中，进一步去理解和领略价值观的深层含义。[10]它的深刻含义在于，通过不同行为者，如政府、企业、公民等共同努力，将文明价值观转换成为我们文明的行为方式和公民的文明素质。

我们设想，一个人如果没有良好的生活习惯和道德标准，怎么能做到诚实守信、服务他人、奉献社会呢？如果一个国家不够富强、民主、和谐，人民又怎么能提高道德修养呢？因此，国家层面、社会层面以及个人层面之间的文明相辅相成，紧密相连，国家在宏观层面，社会在中观层面、个人在微观层面相互作用，形成了一个国家完整的文明体系。

三、培育和践行马克思主义文明思想的意义和方式

古代儒学家孔子曾说过："不学礼，无以立。"儒家认为文明是对于现世的每个人而言都是必须学习的，新时代的我们在继续继承和弘扬优良的传统文化的同时，又为其增添了新的时代内涵，吸收和借鉴了马克思思想中的内容，将它与中国的实际相结合，产生了社会主义的文明观。培育和践行马克思主义文明价值观的意义和方式是我们要不断思考和实践的一个重要问题。

（一）为什么要培育和践行马克思主义文明价值观

1. 文明是评判国家发展情况的标准

现在全球都在关注的话题——文明，是国家、民族之间日益激烈的竞争的核心指标，也是很多国家不懈追求和向往的终极价值指标。[11]社会主义文明能够体现国家文明总体的发展水平。文明国家的形成主要依靠的是社会文明和公民的文明，文明的发展成果是国家，从根本上来讲，国家是统治阶级的发展结果，但是在文明社会中，国家占据了重要的位置，社会主义核心价值观成了国家前进和发展的精神基础，社会主义国家若是丢弃了文明，公民很难通过核

心文明价值观的成果获益，国家要想在国际的激烈竞争中取得优势也会变得困难。[12]

2. 文明作为核心价值观之一与历史进程一致

把文明列到社会主义核心价值观之中，不仅遵循了历史的发展进程，也是对优秀文化的传承和发扬，符合中国社会发展的趋势。[13]文明是国家发展以及社会进步的一个重要标志，成了建设社会主义现代化不可缺少的一项内容，坚定了人民对于实现美好生活的信念。

3. 国民文明素质反映了国家精神文明的程度

在全球化的国际环境中，用长期的眼光来看，一个民族的每个成员所表现出来的基本文明和素质，是一个民族在世界优秀文明中立足的一个至关重要的因素。国民文明素质的高低、道德行为是否规范，都可以反映出来国家精神文明建设的水平。减少社会上存在的一些不文明的行为，提高国民文明素质，对于提高社会的文明程度、维护国家的形象、端正社会的风气、促进社会和谐发展具有至关重要的作用。

4. 提高文明程度对实现中国梦有重大意义

“十三五”规划强调，要使人们的政治素养不仅在思想上体现，更要在实践中落实，将我国的社会主义核心价值观以及伟大复兴的中国梦深深扎根于每个公民的心中，在社会中提高对法治的认识，使中华文化的影响持续蔓延。这些目标体现在国民素质和社会文明水平上。因此，提高国民的整体素质“软指标”、丰富精神文明生活，在实现中华民族伟大复兴的中国梦方面具有非常重要的作用。

（二）在当代中国如何培育和践行马克思主义文明价值观

中国特色社会主义进入了新时代后，虽然在文明的各方面都取得了重大的进步，但是仍然存在很多不足的地方，我国依旧处于社会主义初级阶段。在全社会范围内宣传文明价值观，对人民进行文明教育，一方面可以使文明价值观的内容得到创新和完善，另一方面可以推动中国特色的社会主义文化强国的建设，这是一项伟大的工程。

1. 坚持马克思主义指导思想

随着国家的进步和发展，社会的主流思想是健康向上的，但是也同样存在着消极滞后的思想。在这样的社会现状下，要倡导人们在坚持马克思主义思想的基础上，同时将其落实到我国社会主义文明历史发展的进程中，巩固马克思主义的领导地位。马克思主义作为我国的指导思想，在文明建设方面，给我们提供了丰富的思路和指导。这就启发我们，在实际生活中，要时刻在心里将马克思主义的旗帜高高挂起，并在实际行动中有效落实，使其对我国社会主义文明的进步做出一定的贡献，在社会树立起一道文明的风景线。

我们党以马克思主义思想为指导，并结合我国的实际国情，教导我们在社会主义文明的发展中要具体问题具体分析。在这个历史过程中，将理论、实践、历史与逻辑相结合，把马克思主义理论思想和建设中国特色社会主义文明相结合。

2. 文明地交流和互鉴

中国上下五千年，中华优秀传统文化之所以能够不断崛起，就在于既守护本源又与时并进，兼容并蓄，而且从来不局限于任何一种文化。要发展就必须面向世界，学习一切有利于中国社会发展的积极有益的文化，将中国文化的发展融入世界文明的大潮之中，保持对中国地位的全面认识，促进我国与世界的交流和沟通。每个国家、每个民族都有着自己优秀的文明成果，我们要去欣赏和感受每一个国家和民族的文化底蕴，学习优秀并适合我国国情的文化，将我国文明发展的优秀文化同我国的实际结合起来，吸收精华部分，摒弃糟粕部分，在这个过程中，不断地丰富和创造优秀的中华民族文化。[14]

通过相互学习、互相借鉴、相辅相成的过程，促进形成更加平等、平衡的新型全球伙伴关系，体现出文明价值观在国际舞台上的重要性。文明价值观的践行，不仅能够让传统文明萌生出新的种子，而且有助于培育世界文明共同体的意识，将人类命运共同体置于发展的首位。在国家多次的重大会议上，习近平总书记都着重强调了加强文明交流对话和包容的重要意义与其必要性，同时这也成了打造命运共同体中一个重要的环节。

随着全球对文明的重视程度不断加强，在尊重和理解文明的差异性和多样性的前提下，吸收其他国家与地区的优秀文化，洋为中用，与之共同生存和发展，对于自古以来的中华文明，要求我们做到推陈出新，革故鼎新，与此同时，开拓发展社会主义文明价值观新的领域，强化我国文明建设中所应具备的力量，并使其在社会主义发展的过程中发挥出应有的作用，以做到对于优秀文化的弘扬并促进其发展，使中国在世界上早日成为社会主义文化强国。

3. 传承中华优秀传统文化

我国的社会主义核心价值观与传统文化之间的关系密不可分，它是以传统文化为基础，在吸收借鉴其优秀的、符合时代要求的内容上创建起来的。[15]中华优秀传统文化，是我们的祖先在社会的发展过程中创造的，不仅推动了当时的社会的发展，更是我们民族的“根”和“魂”，对于我们今天的发展有深刻的意义。我们要在做到古为今用的基础上建立现代社会的价值观。“中华优秀传统文化已经成为中华民族的基因……就充分体现了对中华优秀传统文化的传承和升华”[16]，习近平总书记的这段话，对于我们吸收、理解以及传承传统的文化有着重要的指导意义。中国优秀传统文化是文明发展道路上的不竭动力，是我们推进改革开放和社会主义现代化建设的强大精神力量。我们不仅要将本民族的优秀文化推向更高的阶段，还要在尊重和发展优秀文化的前提下，实现各个民族之间文明的共同繁荣和发展。

4. 通过教育加强思想道德建设

教育是民生大计，将与时俱进的马克思主义理论成果融入教育之中，大力加强思想道德建设。[17]教育对于我国的人才培养有着巨大的作用，它为国家的发展提供了高质量的人才，促使我国的文明发展队伍不断壮大，提高了我国公民的文化素养，由此推动社会文明水平的不断提升。文化知识能够在很大程度上提高人的思想水平，丰富人的精神生活。教育一方面促进了知识在社会上的传播，另一方面，能够指引人思想的发展方向。国家通过均匀地分配教育资源来提高教育质量，从而体现出教育在文化建设中的重要地位。因此，在教育过程中应该融入社会主义核心价值观念，让建设文明强国的理念根植于每个公民的心中。

5. 完善相关法律法规

将马克思主义文明价值观与当今社会融合起来，建设有文明特色的社会，必须发挥法制的重要作用。首先，社会主义文明的建设，是关系到社会发展的重要举措，在我国当今发展中具有非常重要的战略地位。但是，社会主义文明价值观的发展不可能一帆风顺，肯定会受到外界的质疑与挑战，人们也许会忽视它的重要性，文明的滞后会阻碍社会的发展，所以，在这个时候，就要用法制手段确立社会主义文明价值观的战略地位，用法律的手段去保障文明建设的重要性，加强人们对其的重视程度。

其次，以法制的强制力保障全社会对精神文明建设的投入。仅仅让民众在思想上对社会主义文明建设重视起来是远远不够的，要在全社会形成文明风尚就要用法律手段去加强民众在社会生活中的文明行为，将家庭的教育、学校的教育、法律的强制力结合起来对人们的行为进行改造。国家及其政府也应加大对文明建设的投入力度，像物质文明建设的投入一样，例如，多举办健康有益的社会活动、对文明行为进行大力弘扬与宣传等。这些都要靠法律的强制力去保障。

最后，以法制手段提高社会精神文明实效。社会主义文明建设的过程是一个由他律走向自律的过程，文明建设的开始阶段，我们主要靠的是他人的约束来对自己的行为进行规范的，但是这种他律不可能时时都在，所以，我们应当向自律逐渐转变，使自己在社会生活中养成文明的习惯。但是，从他律向自律的转变是困难的，很多人都不想做、不会做，所以，这个时候就要用法律手段去保障，法律具有强制性，可以使民众由他律完成向自律的转变。

6. 营造社会良好风尚

良好的社会环境是社会的指向标，是培育社会主义文明价值观的实践场所，它决定了社会秩序是否稳定、社会运作是否顺畅，社会的面貌取决于社会风尚是否文明。树立和发展社会主义道德风尚、提高全社会道德水平、树立良好的道德风尚是社会主义精神文明建设的重要任务。作为中华民族的一分子，要提高我们自身的道德素质和促进社会主义文明程度的提升，把正确引导和塑造社会风尚作为我们每一个人义不容辞的责任。

想要树立起良好的社会新风尚，就要树立社会主义荣辱观，在全国展开热爱国家、敬仰科学、诚实守信、互帮互助、自强不息的宣传教育活动，引导人们自觉地抵制不良风气的影响，形成正确的文明价值体系，从而在思想和行动上与错误观念做斗争。教育人们明荣辱，使弘扬社会主义荣辱观在全社会成为一种风气，从生活中出发，创造一个有良好社会风尚的环境，让人们融入到环境中来。

在社会主义精神文明建设的过程中，其中重要的任务，就是社会主义的新道德和新风尚的确立和弘扬，以及提高全社会的道德水平。对于国家来说，通过组织和开展一系列关于文明的社会活动，加强社会道德的保障、完善职业道德、促进家庭美德教育、提高个人道德修养，形成优良的道德风气，使每一个公民都能够参与到文明价值观的实践中去，用自己的行动和努力去营造良好社会风尚。

文明是辨别一个社会先进性与成熟性的重要体现，是我国密切关注的价值目标，只有社会文明和谐，国家才会良性发展。所以，党和国家的历代领导人都特别重视社会文明问题。在当今社会，习近平总书记提出的社会主义核心价值观的思想中就包含了文明的价值观念，体现了国家迫切希望弘扬社会正能量的要求。培养文明的社会风范、文明的价值观对当代社会具有非常重要的作用。文明的构成是中华民族优良传统的历史传承，作为当代的有志青年，我们要以身作则，培养自己的文明素养，发展自己的文明理念。让自己变得更加优秀，让社会变得更加和谐，为社会核心文明价值观的发展贡献出自己的力量。在文明建设这条路上，我们任重而道远。文明是永远没有尽头的，我们自始至终要致力于对文明的继承和发展。

参考文献

[1] 刘辉：《社会主义社会文明研究述评》，载《中共四川省委党校学报》，2012 年第 4 期。

[2] 郑浩楠、傅畅梅：《“文明”的认识与践行：从核心价值观层面到人类命运共同体层面》，载《辽宁广播电视大学学报》，2018 年第 3 期。

[3] 刘思华、方时姣：《马克思主义文明理论新探》，载《东南学术》，2006 年第 2 期。

[4] 李艳艳：《马克思主义文明理论研究》，中国社会科学院研究生院博士学位论文，2013 年 4 月。

［5］朱颖原：《社会主义核心价值观研究》，山西大学博士学位论文，2013 年 6 月。

［6］孙关宏、胡雨春、任军锋：《政治学概论》，上海复旦大学出版社 2007 年版，第 1—13 页。

［7］魏万宏：《政治文明的哲学思考》，载《郑州大学学报（哲学社会科学版）》，2004 年第 4 期。

［8］王孝哲：《为何应把文明确定为社会主义核心价值观中的价值目标》，载《重庆工商大学学报（社会科学版）》，2016 年第 33 卷第 3 期。

［9］郭相宏：《社会主义核心价值观视阈下的文明研究》，昆明理工大学硕士学位论文，2018 年 5 月。

［10］顾红亮：《实践“文明”价值观的三个向度》，载《辽宁日报》，2014 年 12 月 31 日。

［11］翟屿潼：《马克思主义文明思想及当代价值研究》，哈尔滨师范大学博士学位论文，2017 年 12 月。

［12］郭相宏：《社会主义核心价值观视阈下的文明研究》，昆明理工大学硕士学位论文，2018 年 5 月。

［13］郑建：《论文明——社会主义核心价值观系列谈三》，载《前线》，2015 年第 9 期。

［14］徐广友：《大力传承和弘扬中华优秀传统文化》，载《学习时报》，2019 年 4 月 17 日。

［15］方铭：《文明价值观：中国传统文化永恒的基础和目标》，载《甘肃社会科学》，2017 年第 5 期。

［16］郑永廷：《思想政治教育学原理》，北京高等教育出版社

2016 年版，第 258 页。

［17］孙杰：《当代中国社会主义核心价值观研究》，中共中央党校博士学位论文，2014 年 6 月。

第六章　马克思主义视域下的和谐价值观

矛盾无处不在、无时不有，任何一种社会形态下，只有使社会的基本矛盾不断得到解决，其他各种矛盾在不断解决的运动变化中始终处于相对稳定的状态，这种社会形态的优越性才会为人们所认可，这个社会也将处于和谐的状态而不断地进步发展。历史已经证明，原始社会、奴隶社会、封建社会、资本主义社会对社会基本矛盾的解决是落后的，往往只顾及少数人的利益而使大多数人遭受压迫和剥削。社会需要更好的社会形态。1840 年《共产党宣言》的发表正好顺应了这一历史要求，它既为世界带来了崭新的社会形态——共产主义社会，也带来了能满足大多数人利益要求的解决社会基本矛盾使社会处于和谐发展的方法。经过一百多年不懈的努力和探索，社会主义理论的正确性在中国得到了实践的证明，也在中国继续深化和发展着。在这一中国化过程中，共产主义思想逐渐由马克思列宁主义发展产生了毛泽东思想、邓小平理论、“三个代表”重要思想、科学发展观、习近平新时代中国特色社会主义思想等，这些新思想，从宏观角度分析，都可以认为是为了解决社会矛盾使社会处于稳定发展状态的和谐价值观。尽管这些思想内容丰富，涉及政治、经济、文化、军事等各方面的内容，并且形式多种多样，既有完全否定一种社会形态的暴力革命，也有稳中求进的改革，但它们的最终目的都是促进社会的稳定与和谐，这些思想都是马克思主义思想的一部分，都对社会的发展起着不可替代的作用。以和谐为主调把握马克思主义价值观，必须通过宏观和微观两个角度对马克思主义视野下的和谐价值观进行探索，马克思主义本身就是一种促进和谐的价值观，又对马克思主义中具体的和谐思想进行概括总结，这样，对我们坚定共产主义信仰、促进社会稳定发展是有很大好处的。

一、马克思主义和谐价值观的内容

（一）马克思主义和谐价值观的三重内涵

1. 马克思主义和谐价值观的价值标准

马克思主义和谐价值观对自然界、人类社会和人自身在内的整个世界的价值认知和评价上，所秉持的是一种典型的整体主义价值立场。它把任何作为评价对象的事物、行为和现象是否有利于增进“自然—社会—人”的整体和谐作为进行价值评价的基本标尺。[1]与阶级中心主义的价值观相比，马克思主义和谐价值观的产生是人类思想文明史上的一次飞跃，对社会主义发展史和整个人类文明发展史都具有举足轻重的意义。它的产生有其特殊的时代背景，一方面资本主义生产方式下社会不和谐因素日渐增多，追求剩余价值的资本主义价值观对人、自然的剥削已经达到了空前的程度，由此出现的贫富差距加大、环境污染严重、气候失常等问题已经严重影响了人类的生存与发展，而与资本主义生产方式相伴而生的阶级利己主义价值观已不能解决这一矛盾。另一方面，人类社会仍需要继续发展，寻找一种更适合人类发展的价值观已经是人类的共识。正是在洞察了资本主义生产方式这一内在矛盾的基础上，马克思立足改造自然界和人类社会自身的现实实践，以人类解放为目标，提出了自然主义与人道主义相统一的原则，即整体主义和谐价值观。马克思指出，共产主义生产方式是自然主义与人道主义的统一，它“作为完成了的自然主义，等于人道主义，而作为完成了的人道主义，等于自然主义”。[2]在随后的社会主义发展史上，各国的马克思主义者根据时代和国情不断对这一价值观进行补充和深化，产生了马克思主义和谐价值观。

2. 马克思主义和谐价值观的价值目标

价值目标是人在对已知的现实世界的价值认识和价值判断的基础上，通过“应当与否”的价值取舍所建立起来的指向未来的志向和追求，它体现了一种社会价值观的基本理论趣旨。一般而言，在同一价值体系中，有何种样式的价值标准，同时就会有与之相对应的价值观。[3]在阶级社会里，因为有代表本阶级利益的价值标准，所以他们的价值目标也就是在维护本阶级长期而稳定的统治下，对以无产阶级为主体的广大劳动人民进行长期的剥削和压迫。而代表了无产阶级及广大劳动人民的马克思主义和谐价值观，因其特有的价值标准，所以它的价值目标是彻底推翻剥削阶级对以无产阶级为代表的广大劳动人民的统治，解放生产力，发展生产力，在推动整个人类解放和全面自由发展的同时，实现自然—人—社会关系的协调发展和良性互动，最终建成共产主义社会。[1]马克思主义和谐价值观所倡导的人与自然的关系是在人与自然和谐共处基础上的生命共同体，即人类与生态环境实现良性互动的同时，使人类社会与生态环境都能同步发展。面对生态问题，我国倡导尊重自然、顺应自然、保护自然的生态文明理念。建设美丽中国，发展社会主义生态文明则是我国和谐价值观的目标追求。[1]而在人与社会的关系上，马克思主义和谐价值观以维护最广大劳动人民的利益为本位，致力于构建和谐社会。和谐不仅是马克思主义和谐价值观追求的目标，也是整个人类社会永恒的价值追求，但由于人类社会在发展过程中生产力与生产关系、经济基础与上层建筑总不能达到平衡状态，因此总会出现诸多不和谐因素，以阶级利益为代表的价值目标使这些不和谐因素有了价值依靠，更加剧了这些不和谐现象。在为和谐社会建成努力的过程中，我国不仅建立和完善了人民代表大会等制度，更在以人为本的价值观指导下，将建设和谐社会纳入了法律制度和我国的发展目标中。在个体关系上，马克思主义和谐社会倡导人的全面发展，即使人在社会实践中身体和精神思想都得到全面的发展，即德、智、体、美、劳综合全面的发展。

3. 马克思主义和谐价值观的价值规范

价值规范是人们为了实现所设立的价值目标，在现实生活和实践过程中必须遵循的行为规范的总和，它规范和约束着人在实践中的行为，指导人们该做什么，不该做什么，它在日常生活中对人们的实际行为起着最基础的规范作用。[1]在协调自然—社会—人的关系过程中，马克思主义和谐价值观的基本规范性要求主要包括以下这些方面：保护环境、敬畏生命、环境正义、节约自然、绿色消费、爱护公益、敬业奉献、诚信友善、文明守序、以理导欲、反省改过、志存高远、自我完善等。

（二）马克思主义和谐价值观的主要内容

和谐是对立事物之间在一定的条件下具体、动态、相对、辩证的统一，是不同事物之间相同相成、相辅相成、相反相成、互助合作、互利互惠、互促互补、共同发展的关系。这是辩证唯物主义和谐观的基本观点。[3]对马克思主义和谐价值观内涵的界定必须从宏观和微观两个角度去分析。对何为马克思主义和谐价值观的认定目前尚未有确定结论，主要是因为马克思并未对和谐价值观这一概念进行说明。我们现在所提到的和谐价值观，是胡锦涛同志在 2005 年首次提出的新型价值观，同时，它也是党的十八大提出来的社会主义核心价值观中的一部分，这一部分，作为对马克思主义和谐价值观具体的描述，有其确切的内涵，它包括自我和谐、社会和谐以及人与自然和谐三个维度，习近平总书记在讲话中又提及了和谐文化和和谐世界理念。“自我和谐”指个体的体质、智力、情感和精神全面协调发展。“社会和谐”指个体、社会群体以及整个社会体系之间多重关系的和谐，包括人与人、人与社会之间和谐共处，也包括各民族之间、各宗教之间、各种族之间以及各国家之间的和谐共处。[4]“人与自然和谐”就是坚持可持续发展的生态价值观，坚持尊重自然、顺应自然、保护自然的生态文明理念，坚持绿水青山就是金山银山，与自然和谐共处。“和谐文化”指在任何时候，任何民族与国家的发展都必须面对本民族和本国传统文化的传承、发展与创新问题，实质就是要在文化建设方面解决好传统与现代的和谐发展问题。

"和谐世界理念"最好的解释就是共商共建人类命运共同体，即在追求本国利益时兼顾他国合理关切，在谋求本国发展中促进各国共同发展。人类只有一个地球，各国共处一个世界，要倡导"人类命运共同体"意识。

从微观角度看，马克思主义和谐价值观即我国现行的社会主义和谐价值观，它的主要内容包括"民主法治、公平正义、诚信友爱、充满活力、安定有序、人与自然和谐相处等"[4]，这些内容都围绕"人"的问题而展开，要解决的都是"人"的问题，它所要达到的目标是学有所教、劳有所得、病有所医、老有所养、住有所居。它是社会主义现代化国家在社会建设领域的价值诉求，是经济社会和谐稳定、持续健康发展的重要保证。我们也应看到，和谐价值观引导的是和谐社会的建设，因此我们也必须从这些具体的和谐价值观里跳脱出来，从总体上再次把握和谐价值观，要认识到，凡是促进社会和谐发展的价值观，都是和谐价值观，对这一概念的定义要从简单的名词定义、范围限定走向动态的实践，即从它发挥的作用来看它是否促进了社会的和谐，即邓小平同志所言"不管黑猫白猫，抓住老鼠就是好猫"[5]。但同时又由于我国已进入改革开放的深水期，对任何一个价值观的理解和定义不能再盲目，作为引导社会发展方向的价值观问题，也必须拒绝含糊不清和只看到短期利益，把任何和谐价值观都纳入马克思主义和谐价值观的范围内的举措也是错误的。所以，对微观角度和谐价值观的内容的解释，除了"民主法治、公平正义、诚信友爱、充满活力、安定有序、人与自然和谐相处"外，作者认为还应包括那些已在社会主义国家得到检验的促进社会和谐的观点和理论。

以上内容主要是从微观角度，从马克思系列理念中，尤其是中国化的马克思主义中对和谐价值观做出了解释，但是，我们还需要从更高的层次去解读马克思主义和谐价值观，即从宏观角度去看待马克思主义，我们应当看到，马克思主义从诞生时起，就是作为一种调节资本主义不可调节的社会基本矛盾的价值观而存在的。整个马克思主义体系，就是为了促进社会达到更高程度的和谐而产生和发挥作用的，后世对马克思主义的发展，大多是结合了本国国情而提出的具体方法，这些具体理念的提出，都使这个国家在一定程度上达到了更加和谐的境地，在中国的发展过程中，这一点尤为明显。因此，作者认为，马克思主义和谐价值观的内涵，应当包括对马克思主义理论整体就是和谐价值观的解释，即和谐价值观作为马克思主义价值观一部分存在的同时，马克思主义价值观本身就是一种和谐价值观。

从宏观角度来看，马克思主义和谐价值观的主要内容包括马克思列宁主义、毛泽东思想、邓小平理论、“三个代表”重要思想、科学发展观、习近平新时代中国特色社会主义思想中关于和谐思想与和谐论述的全部内容。

二、马克思主义和谐价值观的当代价值分析

（一）马克思主义和谐价值观对个人发展的作用

和谐价值观首先要解决的是人与人之间的和谐共存问题，这是社会和谐的核心。马克思认为，人的根本属性是社会性，人作为自

然界中的生物个体也必不可少地与自然界有着密不可分的联系，而作为社会中的存在个体也必不可少地与其他人有着联系。共产主义社会理想，是通过人并且为了人而对人的本质的真正占有，它是人与自然界、人和人之间矛盾的真正解决，是存在和本质、对象化和自我确证、自由和必然、个体和类之间的斗争的真正解决。[1]个人一旦明白马克思主义和谐价值观中的这一特性，将从哲学的高度把握马克思主义和谐价值观的真正作用，在处理自身与他人、与社会乃至与自然界的关系时都能做到游刃有余。

1. 有利于个人身心的全面发展

以往的阶级价值观，将人分为不同阶级和等级，不同阶级和等级的人因占有的经济基础不同，所以实现不同的发展，这种发展是不全面的，严重限制了广大劳动人民的发展，而以公有制为主要社会形态的马克思主义以及马克思主义和谐价值观的价值目标追求之一，便是实现人的全面而自由的发展。个人若能以马克思主义和谐价值观为指导，便能实现灵与肉的和谐统一，使自己的身体与精神境界得到巨大提升，避免陷入阶级价值观引导的误区。个人若能明晰马克思主义和谐价值观的内涵及内容，以此为指导，并在日常的实践过程中自觉遵循和要求自己，定能使自身的身体、心性、思想等得到磨砺和锻炼，最终实现身心的全面发展。

2. 有利于个人处理好自身与社会以及自然的关系

自然是人生存的基础，人类社会及相关的社会关系实际是人化的自然，人与自然的关系如何同时也能反映出人与社会关系如何。工业革命后各资产阶级国家对自然的疯狂开采破坏，反映到与社会的关系上便是对其他国家的疯狂占领与对其人民的屠杀，生产力虽然在发展，但由于是阶级价值观在指导，所以不管是在对自然还是对社会的关系上，都导致了个人与自然以及与社会的对立，这就使个人在造成社会不和谐的同时使自身也处于被自然和社会报复的双重困境里。马克思主义和谐价值观倡导生命共同体，认为人在与自然相处中应该尊重自然、顺应自然、保护自然，与自然的关系体现了对社会的关系，而个人一旦以马克思主义和谐价值观为价值追求，并且可以以一定的生产力与生产关系的关系为指导，实现个人与社会、与自然的和谐共生，并掌握其中规律，定能使三者在和谐发展的基础上，使自然与社会为已所用。[6]

（二）马克思主义和谐价值观对社会发展的作用

1. 不和谐的社会问题需要和谐的价值观引导

目前，我国正在构建社会主义和谐社会，这既需要经济基础的支持、政治法律制度的完善，更需要价值观的和谐。[7]但现代社会呈现多元化发展，价值观的多元化也已成常见现象，一些人缺乏理性的判断力，容易受资本主义价值观的诱导而误入歧途，长此以往，对整个社会而言容易造成价值观上的冲突和不和谐现象，一旦这种冲突上升到群体冲突，将严重影响整个社会的和谐。自改革开放以来，我国在环境等方面出现问题，因此在构建社会主义和谐社会的过程中，我们必须正视目前存在的价值观不和谐的现象，我们也必须用和谐的价值观对普通大众进行引导，促进价值观的和谐。[8]党的十八大首次提出的核心价值观是习近平新时代中国特色社会主义思想的一部分，也是马克思主义中对价值观的具体而详尽的描述，它从国家、社会、个人三个层面对价值问题进行了描述[9]，是马克思主义和谐价值观的具体体现，它将引导中国发展的价值走向，使中国这艘巨轮在世界这个大海里始终和谐向前。

2. 马克思主义和谐价值观有利于和谐社会的构建

和谐社会的建成需要社会内部的经济、政治、文化等达到和谐的状态，也需要在和谐价值观引导下的国家制度、法律等的健全，还需要生产力与生产关系、经济基础与上层建筑的矛盾在可控范围内不断推动社会发展。已有的历史实践表明，封建社会也好，资产阶级社会也罢，都不能使社会长久地处于和谐状态，因此也不可能建成和谐社会。而马克思主义和谐价值观因致力于维护最广大人民的利益，它的价值目标就是构建社会主义和谐社会，促进人自由而全面的发展[10]，因此能得到人民的支持。我国发展的实践也表明，在马克思主义和谐价值观的指导下，我们定将建成和谐社会。

（三）马克思主义和谐价值观对世界发展的作用

在经济全球化过程中，国际上的价值和价值观冲突更加广泛和明显。一是发达国家和发展中国家以经济为主要内容的冲突，主要表现在贸易上的不平等、垄断和日益拉大的贫富差距。二是资本主义国家和社会主义国家在政治制度和意识形态之间的政治价值冲突仍在继续。三是本土价值和外来价值观之间的冲突。[11]这些价值观冲突问题无疑给世界的和平发展带来了极大的挑战，若不能及时用和谐的价值观念对这些问题进行引导，冲突必会继续加剧。中国自古崇尚和而不同、求同存异、兼容并蓄的观念，马克思主义和谐价值观在这一点上与中国传统的价值追求是一样的。“构建人类命运共同体”是习近平主席于2015年9月在纽约联合国总部出席第七十届联合国大会一般性辩论时发表的重要讲话中提出的治国理政方针理论。这一理论无疑顺应了时代要求，得到了世界各国人民的欢迎，为解决当今世界价值冲突问题提供了新理念，是解决新时代世界问题的和谐价值观，各国只有携起手来共商共建，才能最终建成持久和平、普遍安全、共同繁荣、开放包容、清洁美丽的世界。习近平主席的这一思想，是马克思主义和谐价值观的重要组成部分，必将对世界发展产生重要影响。

三、培育和践行马克思主义和谐价值观的要求和方式

（一）培育和践行马克思主义和谐价值观的要求

1. 必须坚持中国共产党的领导

历史和实践已经证明，只有坚持中国共产党的领导，才能始终走社会主义道路，我们应该坚定地拥护党的领导，积极为党建言献策。党也应始终保持清廉正派，做好自我监督，全心全意为人民服务，同时做好三个先锋队的作用，始终要以身作则，做好人民群众的各项工作，引导好社会的价值走向，努力建成社会主义和谐社会。[12]

2. 坚持社会主义道路不动摇

中国能取得今日的成就，与道路的选择分不开，自 1840 年以来，中国的仁人志士为中国的发展而奔走呼号，但我们以往所走的路都失败了，历史已经证明并将继续证明，只有社会主义制度，才是适应中国国情的制度，只有坚持社会主义制度，我们的国家才能

繁荣发展。培育和践行社会主义和谐价值观，我们需要制度和法律的保障，而这个制度就是中国特色社会主义制度。

3. 必须始终坚持以人为本的理念

一种价值观只有为人民所认可和接受，才能发挥其作用，培育和践行马克思主义和谐价值观必须坚持以人为本的理念，这是因为人的和谐是社会和谐的核心问题，解决好人的问题，其他各项问题也将迎刃而解，一旦作为最活跃因素的人的问题不能处理好，其他各项问题也将随时爆发出来。所以，在培育和践行马克思主义和谐价值观的时候，优先考虑的应是人的问题。

（二）培育和践行马克思主义和谐价值观的方式

1. 加强对社会主义和谐价值观的宣传

首先应加强学校的显性价值观引导。学校作为引导青年人价值观念的主要场所，无疑对青年人的价值观念形成具有巨大的作用。加强马克思主义和谐价值观的教育，学校应积极行动起来，做好各个学龄阶段学生的价值认知培养，加强以马克思主义和谐价值观为主要教育内容的主题班会和问题活动，加深学生对马克思主义和谐价值观的理解。另一方面，要做好隐性的教育，通过教室的布置，学校的标语等深化学生对马克思主义和谐价值观的认知。其次应加强新闻媒体的宣传和引导。网络时代信息交流传播速度快，人们的价值选择出现多元化，其他国家的各种价值观念通过网络渗透进来，对社会主义价值观念造成冲击，在此背景下，国内的新闻媒体等应该树立大局意识和危机意识，以构建社会主义和谐社会为己任，多贡献和宣传社会主义和谐价值观，对不符时代和社会要求的糟粕价值观进行揭露，以引导整个社会价值走向健康发展。

2. 要加强国家的体制机制建设

一个国家的体制机制是这个国家的骨架，在社会主义和谐价值观的引导下，必须继续加强和完善国家的各项制度和体制机制。首先，我们应继续完善人民代表大会制度等各项制度，使社会主义的优势继续得以发展。其次我们要积极学习他国的先进制度，及时对我国不适应社会发展的落后制度进行淘汰，在这一过程中，也必须取其精华去其糟粕，不能盲目地套用他国的方式方法，要以马克思主义为指导，在结合国情和具体实践中学习和改进。最后，我们要勇于突破和创新，我们必须认识到，马克思主义和谐价值观是不断发展的，除了从外界学习经验，我们必须勇于突破和创新，使马克思主义和谐价值观从自身实现新的飞跃。

3. 将培育和践行马克思主义和谐价值观纳入法制轨道

培育和践行马克思主义和谐价值观的目的是实现社会和谐而最终建成和谐社会，和谐社会也必将是法制的社会，所以培育和践行马克思主义和谐价值观，就必须将马克思主义和谐价值观纳入法制建设的轨道。[13]我们已经知道，作为价值观存在的马克思主义和谐价值观，本身不具有强制性，它是以“德”的形式存在的，而我们所要建成的和谐社会也将是德治与法治结合的社会，将培育和践行马克思主义和谐价值观纳入法治轨道，不仅能增强其作为价值观的引领作用，更使这一过程有了保障。

4. 社会各界应携手共建与我们认知相符的和谐社会

我们的认知只有在实践中得到检验才能深化为我们自身的意识和行为，而如果我们的认知与实际不符，甚至与实际相反，这种认知就会为人所弃。学校的教育和媒体的宣传所告诉我们的价值观念，也必须经过实践的检验这一步才能上升为我们自身的价值观。所以，要想使社会主义和谐价值观深入人心，社会各界必须携手共建一个在和谐价值观引导下和谐发展的社会。从认识到实践再从实践到认识，是认识的两次飞跃，也是价值观最终树立必须经过的阶段，只有使人在这两个过程中不断达到更高水平的认识，价值观念才能最终形成。

对马克思主义和谐价值观的研究，很早就受到了中国多位学者的关注，并且他们在一些问题上提出了许多与以往不同的观点。在世界整体处于和平与发展的大背景之下，面对世界各国仍然存在的不和谐因素以及我国面临的新时代挑战，以习近平同志为主要代表的中国共产党人提出了习近平新时代中国特色社会主义思想，这一思想通过“八个明确”和“十四个坚持”向世界展示了中国在当今世界发展中的中国方案，这是新时代的马克思主义和谐价值观，这一思想很快被国内外各阶层所接受，并开始引导中国问题甚至是世界问题的价值走向，它是当代的马克思主义和谐价值观。对马克思主义和谐价值观的研究，既要整体把握又要抓住重点，不断深入对和谐问题的创新性研究，这对于国内外各种矛盾的解决都是具有重要意义的。

参考文献

[1] 李世福：《论和谐价值观》，载《太远师范学院学报（社会科学版）》，2017 年第 3 期。

[2] 张晓东、刘江船：《和谐价值观的三重内涵》，载《学海》，2015 年第 3 期。

[3] 赵一强：《契约和谐的三重维度》，载《石家庄学院学报》，2013 年第 1 期。

[4] 江传月、王家芳：《社会主义和谐价值观探析》，载《求实》，2013 年第 2 期。

[5] 赵勇：《海外学者对邓小平"猫论"的解读》，载《上海党史与党建》，2008 年第 8 期。

[6] 周春国、魏海成：《从和谐观看马克思主义中国化》，载《学术探索》，2013 年第 1 期。

[7] 郑君健：《论马克思主义和谐社会理论及当代价值》，载《艺术科技》，2013 年第 2 期。

[8] 崔三常、刘娟：《十八大以来习近平和谐社会理念的新发展》，载《未来与发展》，2016 年第 5 期。

[9] 袁梦杰：《习近平人类命运共同体思想研究》，河北大学硕士学位论文，2018 年 5 月。

[10] 石瑞红：《论社会主义和谐价值观的历史超越性》，载《玉林师范学院学报》，2015 年第 36 卷第 6 期。

[11] 中共中央马克思恩格斯列宁斯大林著作编译局：《马克思恩格斯选集》第 1 卷，人民出版社 1995 年版。

[12] 胡锦涛：《关于构建社会主义和谐社会的讲话》，载《人民日报》，2005 年 2 月 19 日。

[13] 潘皓文：《将社会主义核心价值观融入法制建设的重要意义》，载《法制与社会》，2018 年第 3 期。

第七章　马克思主义视域下的自由价值观

中华人民共和国成立以前，上有帝国主义、封建主义、官僚资本主义“三座大山”的压迫，下有神权、君权、父权、夫权“四条绳索”的束缚。中国共产党领导中国人民推翻“大山”，粉碎“绳索”，为中国人民的自由发展奠定了坚实的经济基础和社会基础。中华人民共和国成立以后，在马克思列宁主义、毛泽东思想的指引下，中国人民不仅完成了新民主主义的经济建设、政治建设和文化建设，而且完成了对农业、手工业和资本主义工商业的社会主义改造，从而不仅使认识论中的自由在观念变革方面发挥了巨大作用，还促进了社会政治自由的巨大发展。

新时代中国必须坚持马克思主义自由观。党的十八届五中全会提出“创新、协调、绿色、开放、共享”的新发展理念，其中所贯穿的“促进人的全面自由发展”的深层价值意蕴已经成为人民共识。党的十九大报告进一步做出历史判断，中国特色社会主义进入新时代，中国社会主要矛盾已经转化为人民日益增长的美好生活需要和不平衡不充分的发展之间的矛盾。人民对美好生活的需要，绝不仅仅是物质生活的改善，还包括保障各种自由权利的需要。中国社会已超越以“物质生产”为主的阶段，进入“全面生产”——包括民主、法治、公平、正义、安全、环境等各方面的社会生产——的时代。根据马克思主义关于社会生产与人的自身再生产的理论，全面生产将为人的全面自由发展奠定基础并创造新的历史条件。

一、马克思主义自由观的主要内容

马克思的自由观是立体的，多层次的，多方位的，是与西方自由观完全对立的科学自由观。既有世界观方法论层面的，也有社会具体操作层面的，其领域涉及经济、政治、社会等各方面，构成了自由观体系。马克思的自由观也是马克思主义的重要思想之一。

（一）自由是对必然的认识和对客观世界的改造

在马克思主义的观点当中，自由的真正意义是人类发展以世界改造为前提的实现，而对世界的改造是建立在对必然进行主动利用的基础之上，因此这就要求要通过实践来转化必然认知。该项哲学为了从本质出发来对人类的自由展开详细的描述，其相关观点着重于强调社会实践的能动性。不得不承认的是，限制作用始终存在于客观环境当中，人的行为在各方各面都受到约束，但对于这样的必然性人并不是受其控制的，实际上必然性和人之间存在着一种工具和主人的关系，要谈论人的自由，实际上就是将外在限制冲破，让人类本身的实践力量得到发挥。人类的能动性是自觉的，在创造自由的过程当中发挥着非常关键的作用，这一特性是基于实践而得到的，强调的是对客观世界的改造以及对必然的准确认识。人类的行为之所以会被必然性大范围地限制，主要还是由于人类对于客观必然性还未形成准确的认知。据此可以总结出，必然与自由之间存在着非常紧密的联系，无论是何种形式的自由，都会在一定程度上受到必然的约束。

只有准确认识了必然性才能够获得自由，但说到要从含义的主要内容来围绕自由进行讨论，这并不是重点，因为在谈论自由的获得的过程当中，要强调对必然性的认识，主要是为了能够形成较为客观的理论依据。在马克思主义所提出的一系列观点当中，“反思”并非完全是理性层面上的自由的含义，主体必须掌握对必然性进行准确运用的技巧，以对必然性规则的遵循为前提来开展各项行动，才能够保证自由的获得得到真正的实现，这样一来就能够依照主体需求来进行对客体条件的调整，让终极目的达成。由此看来，必然性的限制是始终存在于人类活动的环境当中的，想要让自由空间得到创建就必须遵循必然空间当中的各项规则。为了让客观世界得到全面的改造，就必须要准确认识必然性的各项内容，只有在此基础之上才能够对自由空间进行创造。自由在必然的基础之上形成，同时自由受到来自必然性的限制。人类社会就是通过基于必然性创造自由空间的这一过程，来实现自身进步的。

（二）人的自由发展

个人自由是一个人的最大价值，它不但集中体现在人性、人格和人的尊严上，使人成之为人，而且也表达了对人的终极关怀。马克思主义创始人的出发点和归宿就是要实现人的自由而全面的发展，他们创立的科学社会主义，就是把共产主义确定为无产阶级及其政党的最高理想以及人类社会发展的最高阶段。

从本质层面出发对人类自由的含义展开讨论，马克思主义涵盖了一系列的观点，对共产主义的自由社会价值取向和实现方式的经典论述，不仅是社会主义自由价值观培育和弘扬的思想基础，也是实现和践行社会主义自由观的指导思想。在《共产党宣言》里，马克思描绘了未来理想的社会，“代替那存在着阶级和阶级对立的资产阶级旧社会的，将是这样一个联合体，在那里，每个人的自由发展是一切人的自由发展的条件”。马克思指出，每个人的自由发展是一切人的自由发展的条件，没有每个人的自由发展，就不会有一切人的自由发展，自由的个人是他们之间的自由联合的条件。每个人的发展都离不开自由，只有在自由实践里的个人才能获得更好的发展，那么就需要坚持马克思主义的自由观，在实践当中获得的个人的自由和全面发展。把“自由人的联合体”看成是无产阶级和人类解放的价值目标不是偶然的，这是他们对自己以往思想的高度总结，尤其是对德国古典哲学自由精神的继承和发展。

（三）自由和实践的关系问题

在我国，大部分学者将研究重心放置在了对实践和自由关联的探讨上。盛惠莉、涂用凯提出，实践是自由观形成的前提，相对于自由观的传统内容，马克思主义所提出的相关观点创新性就在于统一了目的性、规律性、客体以及主体等层面，人类基于劳动实践所创造出的自由。马春如指出，马克思主义中所提到的自由，是以“必然王国”中的实际状况为基础，并且还要对社会主义有足够高的关注度。为了实现自由必须要进行实践，并且要在生产力不断发展的过程中，为其提供与自由相关的物质条件。在生产关系发生变化的过程中，为其提供与自由相关的社会条件，并且为人们的实践活动提供与自由相关的自主条件。徐雪平还指出，实际上，实现自由必须要通过实践，并且通过实践可以有效地验证自由并且推动自由的发展。借助于社会以及自然变革的实践，能够使人们享有更高的自由权，并且这也是唯一的方法。借助于社会实践，才能使自由得到完善及发展。根据以上的分析可知，大多数学者在自由以及实践之间的关系的观点上保持一致，并且大多数学者都赞同，只有实践才能实现真正的自由，没有实践就没有自由。马克思主义自由观是实践的自由观，不是僵化的自由观、虚幻的自由观。把自由观建立在实践基础之上，是自由观的一大发展，马克思主义自由观把自由理论推向了一个新的高度。

二、培育和践行马克思主义自由价值观的意义、要求和方式

（一）培育和践行马克思主义自由价值观的意义

1. 抗击西方新自由主义思潮的利器，捍卫马克思主义在我国意识形态中的主导地位

经济自由主义是新自由主义出现的前提，而这一转换过程的本质强调的是复苏，在国际经济政策当中，从 20 世纪 70 年代至今，该主义始终发挥着非常关键的作用。相比于传统的自由主义，经济自由主义是在此基础之上的超越、创新以及继承，其涉及的内容包

含文化观念、政治思潮以及经济学理论。对于全球秩序的建立，美国方提出的观点是要让一体化在文化政治以及经济这三方面都得到实现，这实际上是该国家价值观念以及政治意识的体现。其导致的经济危机、不公平的市场收入分配等现象存在于西方资本主义市场当中。我们要深刻认识社会主义市场经济与新自由主义的本质区别，以独立性为前提发展自身的经济。因此，培育和践行马克思主义自由价值观是抗击西方新自由主义思潮的利器，将捍卫马克思主义在我国意识形态中的主导地位。

2. 坚定走中国特色社会主义道路的决心、为最终实现共产主义的理想信念而坚持奋斗的决心

在对社会主义经济市场进行发展的过程当中，必须强调中国特色的展现，关键目的就在于对经济条件进行改善，使其能够满足人发展自由化的需求。从目前我国的经济状况来看，生产力的发展依然是重中之重，自从改革开放等各方面工作得到落实以后，我国的经济出现了新的特征，实现了新的发展，在这样坚实的物质基础的作用下，社会主义经济环境开始展现出较强的中国特色，我国人民的思想也得到了较大程度的解放。这一系列现实现象都表明，对于我国的实际国情，社会主义市场经济体制是非常适用的，在该体制的作用下，经济和生产力都获得了非常迅速的进步，现阶段我国的物质环境当中所具备的一系列条件，已经足以实现人以全面性为前提的发展以及自由空间的创造。人们只有生活需求得到了满足，才会有精神上的需求。为了使人类能够享受自由，体会到自由的价值，必须注重提升人们的认知，因此需要注重文化教育。马克思认为："借助于生产可以实现自身的改造，并且创造出新的语言、新的需要

以及其他的交往方式。”如果没有中国特色社会主义的发展，也就没有自主观念以及独立人格的形成，同时也就没有竞争意识以及创新意识的生成。为了完成人类的自我解放，并且为了达到最终的目标而不断地努力奋斗，必须促进人类的全面发展，最终实现人类的共同目标。共产主义并非一种幻想或空想，而是历史发展的必然与人类最高追求目标的统一，是客观规律性和主观能动性最完美结合的结果。以我国为例，我们现在和今后一段工作任务的完成，需要全国各族人民的共同努力，其中每一项成就的取得都与广大劳动者的理想、信念分不开，都是对人生价值、人生意义的一次体现和升华，也都是向共产主义社会的一次迈进。

3. 有利于促进我国社会生产力的发展、综合国力的不断提升，使社会更加和谐，让中华民族伟大复兴的中国梦最终得以实现

首先，从社会层面上来看，对于社会主义核心价值观而言，其价值取向包括法治、公正、平等、以及自由，并且其主要目的是“集体自由”，而对于价值取向而言，实际上其是一种马克思主义自由观。对于我国的“中国梦”而言，其不仅能体现出我国的解放思想，而且与价值取向有关，并且还代表着中国人民的美好憧憬。除此之外，从本质上来讲，马克思主义与“以人为本”所表达的内容有着相似之处，根据《共产党宣言》中的内容可知，社会主义运动指的是能够使大多数人获利的一种运动，“以人为本”不但可以使人们在经济上得到满足，并且拥有更高的自主权。除此之外，人们还可以充分发挥自己的作用，实现人人解放以及社会解放，感受社会主义为人们带来的全新的生活。

（二）培育和践行马克思主义自由价值观的要求

1. 必须正确把握马克思主义基本精神

为了对马克思主义的内涵有更多的了解，必须对其基本精神有全面的认识，并且需要以这些基本精神为宗旨。对马克思主义而言，在其基本精神的定义方面，不同的人有着不同的观点，董德刚指出，“这种基本精神指的是在尊重规律的前提下，为所有的人牟取利益”。此外，了解并尊重客观规律，与马克思主义息息相关，其代表着一种科学性，为所有的人牟取利益，实际上是一种人民性。对马克思主义而言，其人民性与科学性是其基本精神的重要内容。所以人们只有对基本精神有具体的了解，才能称得上是马克思主义者。对马克思主义所有与人民利益以及科学治理相关的观点有所误解的人，都不能算是有着科学的态度，所以必须对这些基本精神有准确的了解，这对建设社会主义强国具有指导意义，特别是对于培育和践行马克思主义自由价值观具有重要的现实价值。因为我国正处于社会主义初级阶段，个别人的思想还不成熟，这个时候就需要正确的价值观作为引导，同时，社会主义核心价值观还需要被不断地完善，这就需要正确把握马克思主义基本精神来完善社会主义核心价值观。

2. 必须坚持人的自由全面发展

对于共产主义而言，其追求的是人类全面自由的发展，习近平总书记认为，对于科学社会主义而言，必须注重遵守其基本原则，而对于共产主义而言，必须坚信其理想信念。而对于中国特色社会主义而言，必须以人为本，追求全面自由的发展。对于科学发展观而言，追求自由实际上是为了使人们能够更加全面自由地发展，并且实现社会自由政治自由以及经济自由，是一种比较有价值的工具。对于科学发展观而言，从本质上来讲，其与西方有着极大的区别。其不仅是形式上的自由，还是一种工具性的自由。其以人民为出发点，针对的对象是所有人。而习近平总书记在重要讲话中所谈到的自由理念，实际上也就是在科学发展观所包括的“以人为本”所对应的自由理念，并且习近平总书记还多次提及，无论开展何种工作，都必须注重维护人民的利益。对于“根本利益”而言，其不但指的是改善人们的物质生活，使人们获得更多的物质利益，同时也指的是使人们拥有的自主权利，并且保障其基本权利。改善物质生活对于提高人们的生活质量水平有着关键的作用，阿马蒂亚·森认为：“提高人们的收入水平，主要目的是使人们能够更加自由地享受生活，并且珍惜眼下的生活。这样一来才能使人们的生活变得更加丰富，使人们变得更加社会化。”因此保障人们的权利及自由，对人们而言非常重要。因此培育和践行马克思主义自由价值观最基本的要求就是要坚持人的自由全面发展。

3. 必须坚持“四个自信”

在西方社会，对于和其意愿相违背的某些思想理论，常常会通过普世主义来应对，这是美国的政治学家亨廷顿对于该现象曾表达的个人的看法。当前存在一部分群体，借助于西方的这一观点，不断吹捧所谓的“自由”“民主”，对此，我们必须严阵以待，在社会思想受到西方理念的干扰时，应当保持本心，坚定不移地走我国自己的发展道路，推行适合我国发展的、我国所特有的价值理念，不仅如此，还需要加快与优化社会主义核心价值体系的构建。随着社会的不断发展，在当今的社会主义中国，我们必须坚定不移地坚持具有中国特色的制度、文化、道路、理论等方面的自信，将其作为我国发展的基础。而且由于我国的发展势头极为良好，实力不断强大，在国际上的话语权也备受重视，我国的国际地位逐渐提高，所以，世界范围内，也有越来越多的对于我国的制度、发展道路以及模式等方面的讨论的热点话题，各方声音越来越多，与以前相比出现了更多的认可的声音。习近平总书记表示："在当前社会，最有底气说起具有自信心的就是中国、中华民族以及中国的共产党。"我们就是要对"四个自信"充满自信，并且把这些当作民族精神，从而完善核心价值观，使人们对自由价值观有更深入的了解。

（三）培育和践行马克思主义自由价值观的方式

1. 加强马克思主义自由观教育，抵制资产阶级自由化

对马克思主义所包括的自由价值观而言，为了使其能够践行，必须注重对人们的教育。加强对于大学生的思想教育，为学生提供一个良好的引导环境，推动学生心理的健康发展，使其不易受到外来文化的影响。不断推动高校在思想教育方面的发展，为学生树立起一个健康的思想观念，从而降低学生出现心理问题的可能。由于在改革开放的全过程中，皆存在着和资产阶级所推崇的思想的斗争，所以这是一个长时间、持续性进行的过程。在该过程中，要保证所遵循的方针不得偏离，主要是走正面教育并通过团结大部分群体加以辅助的路线。

所以，培育和践行马克思主义自由观的方式就是需要高校有效地开展马克思主义自由观的课程，培养学生树立正确的自由观，同时需要抵制资产阶级自由化，坚持发展自由观，使自我价值能够被

发挥，这样一来，才能更好地促进我国现代化的发展，并且寻找出自由观教育的新路径和新方法，培育和践行正确的马克思主义自由价值观，为中国的现代化发展而不断努力。

2. 全面深化改革，为实现和扩大个人自由创造有利的经济和社会条件

每个人并不是出生之后就会拥有自由，自由这一结果是在漫漫历史长河的发展中逐渐得到的。当人们拥有了自由，就可以在一定程度上逃脱外在环境对其产生的约束力，能够展示自身的想法。“不可以让权利跨过当前社会的发展标准。”当前中国所特有的制度是基于生产资料公有制逐渐发展起来的，能够保证每个公民都具有其自由的生活权利，当然，这并不代表其任何活动均不受到约束。和马克思最初的社会主义思想相比，实际生活中所推行的社会主义与其存在一定差距，我们尚未达到最理想的结果。但是由于社会的不断前进、科学技术的不断提高，社会主义发展中存在的诸多问题都将会被一一解决。为了能够建立一个更加科学合理的，适合中国发展的社会主义制度，我们必须不断推进改革，推动我国发展，使得我国公民能够生活在一个更加自由舒适的社会环境中。坚持发展自由民主的社会主义思想，以马克思主义为基础，不断追求思想观念上的解放，同时参考其他国家发展中较为优秀的经验，不断完善我国制度，使我国建立起一个民主自由的社会主义政治、法治社会，为我国居民创造一个更加和谐的生活环境。只有坚守马克思主义，实现工人阶级和人类解放的价值追求与社会理想，夯实个人自由的物质经济基础，借鉴吸纳资本主义国家在保障个人自由方面的某些合理之处，不断深化各领域改革，建设社会主义民主政治和法治国家，

才能推动社会和个人的自由发展。

3. 加强法治建设，为保障公民自由提供制度保障

自党的十八大以来，我国在法律方面有了新的成果，并且开始了一系列的全局性的根本性的改革，注重将人民的利益放在第一位，为了使人民的自由得到保障，制定出了一系列的规章制度。党的第十八届四中全会中明确指出，必须以人民的利益作为落脚点，依法保障人民的自由权及其他的相关权利，通过共同的努力，营造出一个公平公正的社会。同时习近平总书记做出的一系列的重要讲话，也多次强调要以人为本，注重保护人的权利及利益，打造出一个具有人权法制的社会。因此，在加强法治建设方面要做到：第一，以科学合理的方式立法，以民主的方式立法，使公民拥有更多的自由权利；第二，要注重建设法治政府，并且要严格执法，维护公民的利益，为其提供保障；第三，要借助司法实现社会的公正性，并且为保障公民的人权而做出努力；第四，要做到全民守法，为公民的人权提供保障。总而言之，必须注重建设出一个法治的社会，必须弘扬法治，使公民能够自觉地遵守法律，捍卫法律，成为法律的崇尚者，并且，知法、守法、用法、信法、才能保障公民的自由，以此来培育和践行马克思主义自由价值观。

从本质上而言，中国特色社会主义是对马克思主义的坚持和发展。因为特色社会主义的存在，马克思主义才有了新的价值及内涵，并且使人们追求更加美好的生活，不断地提高生产力水平，提升个人素质，促进我国实现伟大的中国梦，从而建设出一个现代化的国家。

总而言之，了解并学习马克思主义，能够有正确的信仰追求，

一方面通过学习马克思主义，可以对自由和生命有新的认识，并且激励自己不断地做出努力；另一方面自由还有更深层的意义，其强调不但要追求自由，还要注重创新。

第八章　马克思主义视域下的平等价值观

中国社会主义核心价值观中，平等是最为重要的一方面。特别是随着社会经济发展水平的不断提升，人们对于平等也更加重视。将其融入社会主义核心价值观中能更好地指引人们发展，解决社会主义发展阶段的主要矛盾，以及应对新时代社会的发展变化。结合马克思主义思想，平等的本质并不在于法律条文中的规定，而是需要与实际相联系，关注其所体现出的最具现实性的多方面平等化要求。中国在发展过程中更需要做到理论与实际相联系，将平等观的建立提升到具备现实价值性这一层次上来，这将是研究马克思主义平等价值观的重要做法及实施途径。

在社会发展的过程中，伴随着社会发展理念的创新，人与人之间的平等观念逐步在社会中获得重视，很多历史的发展阶段对于平等的内涵都做出了不同的诠释。人类在理论的反思与实践的探索中从未停止关于如何实现平等这一话题的研究。马克思、恩格斯通过自己对于先前历史发展过程中的不同思想的研究成果总结分析，批判继承平等观的价值体系，在结合新的社会发展现状的基础上，从现实的角度来全面分析平等观的社会价值，提出要从实际出发解释平等的本质特性。明确要通过实现“自由人的联合体”使每个人获得解放，实现真正的自由与平等地建立在唯物史观之上的无产阶级平等观，这已然成为马克思政治哲学的一个重要向度。

一、马克思主义平等理论的主要内容

马克思是改造平等价值观的先驱，他推翻了旧式的平等观念，用唯物史观对其重新解释，首次将平等的本质特性推向了生产力发展的高度上，与生产力、生产关系相联系，赋予了平等新的概念，指明了平等观的科学内涵。

（一）马克思主义平等观的科学内涵

1. 马克思平等观强调其历史特性

从原始社会开始，人类就有了“平等的概念”。但针对平等的内涵，每个时期有不同的认识。[1]例如，在久远的奴隶社会时代，古罗马人对于奴隶制度是默认的，在他们当时的社会观念下，奴隶制度的存在是社会价值体系下平等社会地位的正常表现。伴随着社会改革与生产力的创新发展，到了封建社会时期，人们逐渐对奴隶制产生了抵触，当进入资本主义社会时期，平等就变成了财产的私有制，资本主义认为财产私有就是平等。

这无形中扩大了资本主义平等的本质特性，认为任何阶级任何社会都可适用于这种平等。直到马克思对此提出了反对意见，他明确地指出社会主义阶段才是平等价值观真正体现的阶段，通过全新的平等观念展现，全面体现出社会主义发展过程中的平等价值体系，是未来社会发展过程中最本质的平等观念的价值体现。

2. 马克思主义平等观具备无产阶级特性

无产阶级是马克思主义平等观的服务对象。资产阶级的社会决定了整个资本主义社会条件下的平等都带有资本主义的性质，结合马克思思想无产阶级特征性的表现，马克思平等价值观也相应地体现出了无产阶级性质，最为典型的是关于平等观的全新阐释：在社会发展的过程中，伴随着社会生产的创新发展，旧的社会阶级始终要被新的社会推翻，人类社会发展到最后阶段，所能体现出来的社会发展本质，是无数社会个体之间对于平等自由的追求，以联合体形式而存在的无产阶级是一切自由产生的基础。除此之外，与政治性相关的马克思平等价值观体现出的更是无产阶级特性。在此基础上，我们总结马克思主义的平等价值观，其最大的特征之一即具备了无产阶级性质，消灭了一切剥削关系，提倡了全人类的自由与平等。

3. 马克思主义平等观具有终极目标

马克思主义平等观的终极目标是共产主义。全面化的自由与平等是共产主义的重要特性，存在于共产主义社会制度下而被推进的经济发展、政治体系的建立以及人们生产生活的完善更具有平等的特征。马克思在研究分析社会发展现实的基础上，提出了伴随着社会生产力的不断发展，人们不断注重对于自身精神价值的追求，间接推动着社会生产力的创新发展。

在实现马克思主义平等观终极目标的过程中我们势必要顺应社会的发展趋势，通过资本主义社会，逐渐过渡到社会主义社会，而这种社会制度的更替便是由社会发展过程中的生产资料的创新发展、生产方式以及生产力水平的发展与变革所决定的。当生产力发展到一定程度就会引发生产关系的变动，进而为社会提供巨大的发展动力，人们的生产生活、精神状态等都会有所提升。如今，我们认为资本主义发展为财富积累提供了帮助，社会主义发展为共产主义到来进行了铺垫，最后一切无产阶级的综合体即会对社会中的一切不平等进行消除，最终达到共产主义的平等。马克思认为，一旦发展到共产主义社会，平等的本质特征体现的便是人类的高度化自由，关系到人类每个个体，其获得的即真正意义上的平等。

（二）马克思主义关于平等本质的思想

关于平等的本质，马克思主义从三个角度展开论述。

1. 马克思主义平等观是对旧平等观的批判与改造

马克思主义平等观是对旧平等观的批判和改造，不仅是对旧有平等观念的质疑与反对，更是一个彻底掀翻其核心观念的行为过程。从平等的本质内涵出发，马克思解释的平等价值观包含了生产力水平、生产关系等多方影响要素，更提出生产力发展水平与生产关系间具有一定的关联性，生产力会推进生产关系发生变化，从而制约社会经济结构的变动，当社会上层建筑发生改变势必引发平等配置的调整。由此可见，每个社会发展阶段都涉及经济、政治等各方面，其变化发展都会与生产力、生产方式等有一定的关系，作为一种主观思想意识，平等更与以上所述两方面具有直接的关系性，因此，我们对平等的理解也提升到了生产关系研究的层面。生产关系即生产资料的配置，它产生存在于物质资料生产的全过程。用唯物主义思想描述生产关系，其体现出的是不同阶层社会受不同外界客观物质要素的影响，会对各阶级的政治性、经济利益等造成不同程度的影响，由此也会引来平等与不平等的关系问题。当一个阶级内部掌握了不同程度的生产资料，人们的社会关系就会出现不平等，从这个角度分析，当前我们所述的平等都或多或少带着一些主观及狭义性问题。

在一系列历史运动中，任一统治阶级建立政权时，都会表示自己代表大多数人的利益，因为他们想要得到人民群众的拥护。因此，在考察这些运动时，我们要将他们的思想与其本身相结合，不能只看统治阶级打出的旗号。认识平等关系，应当结合社会关系，不能独立认识平等关系，否则认识是片面的。最后，我们理解平等需要从矛盾角度出发，涉及社会生产力与生产方式的辩证关系，当两者内部存在的矛盾发生变化时就会引来社会不同程度的发展变化，此时社会平等性也会随之改变或在发展上推进，如不同性质的社会取代关系的产生，如封建社会取代奴隶社会等，实质上都是先进的生产关系代替了落后的生产关系，从而促进了平等发展。如果共产主义取代资本主义，平等必将得到进一步发展。

2. 马克思主义平等观的追求是人的全面发展

马克思主义平等观是追求人的全面发展。在阶级社会，虽然某一阶级会为人们提供一些平等的机会，但在经济发展上基于生产资料分布的不均衡而无法得到真正意义上的平等，与此同时，受外界多方面影响因素的制约，阶级社会内的平等不是真正的平等。只有满足了经济平等才可能获得更多的平等，以经济推动平等被称为唯物论平等说。解决资产阶级剥削无产阶级问题，需要考虑如何消除生产力水平的不平等，以及如何让生产资料平等分配。从经济水平提升方面来说，充足配置社会资源，由此实现按需分配才是真正意义的经济平等，从而实现其他方面的平等，也才是真正意义的社会平等。

在汲取先前研究成果的基础上，我们当前社会所追求的社会本质，便是在一个没有任何压迫、没有任何剥削的社会发展体系内，大家最大程度实现自己的价值追求的过程中，实现个人价值与社会持续发展的均衡，实现各取所需，实现在经济上的平等，不受职业、工作性质等的限制，实现真正的平等。

3. 平等与不平等的节点由各阶级政治经济决定

马克思主义的平等观是有一定的阶级性的，界定平等和不平等也是由各阶级的政治经济所决定的。

（三）马克思主义关于平等分类的思想

马克思主义平等观根据不同的角度，可以分为经济上的平等、政治上的平等和民族上的平等。

1. 经济上的平等——人人享有机会平等

一直以来经济上的平等都是人们经济生活中的追求之一，经济上的平等主要是指人人享有机会平等，在我国，人人享有相同的机会，社会为每个人追求发展和改变提供相同的机会和条件，从而使每个人有同样改善经济的机会。在社会主义的价值体系中，国家倡导以公有制为主体，在以国家公有制为制度保障的基础上，实现全民对于国家资源的有序共享，实现生产资料与生活资料的有机分配，马克思主义平等观下的平等是真正的平等。[2]每个人的机会都是一样的，若忽略个人能力的不同，那么我们可以理解，人人享有机会平等，那么人人就能实现经济平等。

2. 政治上的平等——法律面前人人平等

政治平等的主要体现是法律层面的平等，无论政党、阶级或者个人，在对国家的管理和社会的生活中都享有平等的政治地位。再具体来说，法律上的平等指使用法律的平等和立法的平等。使用法律的平等指的是法律对任何人都是平等的，没有人会有超出法律的特殊权利，关于立法平等的问题，马克思指出，如果立法者都存在“偏私”的情况，那么这个社会也将失去公正的裁判者。如果制定法律仅仅是为了帮助部分利益阶层获得更多的利益，那么公正的判决也不复存在。[3]因为“法官要公平公正地表达法律”。[4]所以，当立法没有公众的参与时，“立法的公正仅仅是形式上的公正，而不是判决内容上的公正”。通过以上分析我们可以得出结论，在国家法律制度不断创新发展的过程中，对于社会公民的立法权的全方位保障能够最大程度上体现法律平等的价值理念，在立法的过程中，全方位保障社会公众的立法平等参与权，更能直接体现出法律面前人人平等的价值理念。但是，如果没有良好的立法参与机制保障公众的这一权利，那么法律的制定工作将失去公平，甚至成为部分人谋取私利的工具，让法律成为特权者的法律；立法内容如果不能充分体现平等理念，必然会影响公众参与立法的积极性，进而致使更多不平等的法律出现。马克思认为应当落实人民民主立法，充分激发公众参与立法的积极性，进而更加全面地保障各方利益，提高法律的平等性。必须在保障立法平等的基础上，才能够将平等法治落实到位，否则法律平等将无从谈起。所以，各个国家都应当按照本国国情制定科学合理的立法机制，保障人民普遍地、广泛地参与立法。

3. 民族上的平等——民族没有优劣之分

在马克思主义复杂的研究体系中，对于民族平等理念的全面分析是其在对于民族发展理论研究中最重要的原则体现，也是后续社会发展过程中，处理不同民族问题的重要原则体现，对于民族平等观念的研究成果是马克思主义民族观念的重要展现，倡导在社会生活中保持各民族的权益平等。无产阶级民族平等观揭示了资产阶级平等的虚伪。在社会发展的现实制度体系内，资本主义所倡导的社会发展理念原本就与社会主义制度有着本质区别，在不同的社会生产力推动下，两种社会制度都不断发展延续，而在社会主义的发展的价值体系内，所倡导的无产阶级的民族平等理念，是在对于全社会各个民族平等尊重基础上所形成的。马克思主义的民族平等观包含以下几项内容：

（1）在社会发展的过程中，各个民族之间的社会地位均等，民族之间不分大小，国家的社会发展体系内，社会发展地位一律均等。马克思还创新性地提出，民族与民族的发展交流，是建立在平等、和谐的价值理念之上，不同民族之间是不分任何优劣的，他们对人类文明的发展都做出了很大的贡献，都是不可或缺的，都有着深远影响。每一个民族都是人类精神和物质财富的创造者，都应当拥有平等的权利和地位。

（2）在社会发展的过程中，不同民族在国家发展体系内，平等地享有各项发展权利，不论民族人数与民族分布，民族之间平等地享有国家赋予的各项政治、经济、文化权利。为了实现所有民族权利上的平等，不仅保护他们拥有同等的权利，而且禁止他们享有任何形式的特权。列宁和斯大林也曾说过，坚决保护少数民族的权利，对于特定民族的特权保护是明令禁止的。此外，伴随着研究理论与社会发展的创新，马克思还提出，消灭剥削阶级，其中很重要的是要去除不同民族发展过程中的不平等理念，通过大力发展社会公有制，逐步实现消灭剥削阶级的过程，恩格斯提出无产阶级实现平等的主要任务是消灭阶级，否则实现平等只能是一纸空话。不同民族之间的剥削压缩实质上是伴随着社会生产力的不断发展对于不同阶级的要求，而在阶级社会中生产资料私有制的方式是实现持续阶级压迫的根源所在，因此，伴随着社会生产力的进步发展，通过消灭剥削阶级实现社会主义是逐步实现民族平等的本质所在，通过社会主义制度全面保障不同民族之间的平等权益。

坚持民族平等，不仅体现在经济政治方面，也体现在社会生活中的各个方面。对于少数民族，应当对他们的权利给予特殊的保护。恩格斯提出，平等不应只体现在表面，更应该体现在社会中，表现在实际中。[5]我国是多民族国家，有许多的少数民族存在，各个民族之间发展极不平衡，所以，为了实现真正意义上的平等，就要求采取一些措施帮助落后民族，促进其经济政治文化等快速发展，进而实现真正的平等。所以，在社会生活中给予少数民族部分特殊权利保护，也是马克思主义民族平等观的一种体现。

（四）马克思主义关于平等特征的思想

马克思主义平等观具有历史性、阶级性和相对性。

1. 平等是历史的范畴，具有历史性

在社会生产力不断创新发展的过程中，平等观的产生发展是具有特定的历史性的，恩格斯分析到，平等观念的发展实质上是一个伴随着社会生产不断发展的历史进程，平等观的发展是历史更迭的过程。[6]平等观的发展会受社会背景和历史条件的影响，体现着一定时期的社会发展，正是因为这层制约关系的存在，我们才能看到有变化的历史，所以说平等是历史和现实相互影响的产物，具有一定的历史性。

2. 平等反映阶级关系，具有阶级性

平等一词自阶级产生以来，就带有明显的阶级性。在奴隶主社会，仅仅是体现在奴隶主身上的平等观，而伴随着社会生产的发展，到了封建社会，平等观的体现主要是维护地主阶级利益。在资本主义社会的价值体系中，所谓的平等观念仅仅是对于剥削阶级平等权利的保障，个体平等虽有所发展，但是仍旧存在鲜明的阶级划分，是一种基于阶级差别的平等。资产阶级平等旨在为资产阶级获取更多的利益，是基于私有制而建立起来的平等，是在资本主义生产力发展过程中，通过特定方式加强对于无产阶级剥削基础上的平等观念的体现。马克思分析到，在社会发展到一定阶段，社会生产力的极大发展必然实现社会发展的平等化，进而实现消灭剥削阶级。[7]马克思提出，私有制导致了不平等，导致了阶级分化，必须要消除私有制才能实现真正的平等和自由。我们不难发现，平等反映一定的社会经济利益关系，是统治阶级为了巩固统治所利用的一种工具，所以说它具有一定的阶级性。

3. 平等不是绝对平均，具有相对性

马克思主义平等观是发展的，不是绝对的平均，具有一定的相对性，也就是说，要消灭一切不平等现象是不现实的，人类在追求平等的过程中，只能尽最大可能地减弱或者缩小这种平等间的差距，它是不可能完全被人类所消除的。还因为人在先天方面的不同，如智商、身体等方面的不同，在工作或学习生活中难免会有各种各样的不同，这在另一方面也说明社会不可能完全地平等，不平等现象是不可能完全避免的，平等具有一定的相对性。

二、培育和践行马克思主义平等价值观的意义

培育和践行马克思主义平等价值观是时代发展的要求，是社会主义发展建设的要求。

（一）培育和践行马克思主义平等价值观的意义

平等是社会主义最本质的要求，培育和践行马克思主义平等价值观对于社会主义的发展与建设意义重大。

1. 有利于推进社会主义和谐

马克思主义平等观对我国影响极大。从政治层面来看，马克思主义平等观属于政治领域的内容。不平等的现象对推进社会主义和谐是不利的。随着时代的变迁和进步，培育和践行马克思主义平等观，能够将这些不平等降到最低。马克思的研究理念中，通过特定方式实现对于不同阶级之间的发展不平衡的消除，在大力发展公有制的基础上，将全社会的发展福利共享给社会大众，通过社会生产力的持续发展，不断满足不同阶层的需求，逐步实现社会民众对于自由平等的追求。[8]对社会民众平等权利的保护，与逐步推动和谐社会持续发展的理念一脉相承，马克思所倡导的以平等观念促使人的

全面发展，和我国现阶段社会发展过程所追求的和谐社会所积极倡导的平等观念异曲同工。因此我们要重视对马克思平等观的学习和践行，进而推动社会主义和谐社会的建设。同时这也是新时代条件下促进平等的科学方式。

2. 有利于推进社会主义民主

正如马克思所倡导的平等观一样，一个国家想要平等，人民当家做主是放在第一位的，第一步要实现每个公民在政治上的平等。中华人民共和国成立之后，我国确立国体为人民民主专政，进一步巩固了政治平等的基础。马克思主义平等价值观致力于人的平等和发展，培育和践行马克思主义平等价值观，有利于推进人的平等和发展的进程，当平等渐入人心，也就意味着民主渐入人心，所以说培育和践行马克思主义平等价值观可以进一步推进社会主义民主。

（二）培育和践行马克思主义平等价值观的方式

在我国，要培育和践行马克思主义平等价值观，主要有四种方式。

1. 大力发展社会生产力，夯实平等的经济基础

社会主义的发展就是不断实现经济发展的过程。因此，践行马克思主义平等观要求我们大力发展社会生产力，利用强大的经济基础来支撑和推进社会主义建设，进而实现人民平等。[9]由于社会主义市场经济的高速发展，我国各领域都取得了许多的发展成果，人民生活水平直线上升，生活质量得到了有效的保障，但是也有许多不平衡问题随之而来。如医疗条件不平衡，地区间医疗设备条件、服务水平参差不齐；城乡建设不平衡，农村的社会生产力相对落后，

一些地区相关的基础设施发展不能及时满足新的社会发展需求，农村的教育条件相对落后，师资力量相对薄弱，不能很好地满足新时代农村地区的生源持续增加的需求。为了及时协调农村与城市之间教育发展不平衡问题，在全面发展社会生产力的基础上，国家政策支持向农村教育逐步倾斜。当社会生产力得到发展，医疗、教育、城建等方面才能得到长足的发展，人民生活水平之间的不平衡问题才能进一步改善。马克思主义的平等观不仅是政治制度上的平等，也是经济上的平等。[10]大力发展生产力，可以逐步缩小平等差距，夯实平等的经济基础，这是马克思主义平等观的重要体现。[11]

2. 完善社会主义民主法治，确保政治上人人平等

随着我国社会主义事业的发展，民主法治建设取得了很好的成就，社会上形成了安定、和谐的局面，但由于历史文化的原因，一些不平等现象依然留存。[12]社会主义平等价值观的实现有赖于民主法制建设的推进。比如特权和腐败现象，不仅影响民主法制建设的进程，还对社会公平正义造成极大的伤害。社会主义平等价值观给予了公民平等的政治权利，但是我们还应当不断完善法律制度和司法体系，强化监管力度，贯彻落实依法治国，以此保障各方权益不受侵害。[13]因此党基于马克思主义平等价值观提出全面依法治国这一重大战略部署，使全方位保障社会民众的利益成为社会发展的首要考虑，通过法律的惩戒功能，全面保障公民的平等权利，一切特权和腐败行为、一切损害社会公平正义的行为都将受到法律的严惩。[14]通过以上方式能够极大推动社会创新发展，更能够从不同角度实现对于社会公平的全面体现，同时也是在新的社会发展体系中，全面实现社会和谐发展的价值追求。

3. 加强社会主义文化建设，营造平等的社会氛围

习近平总书记深刻地认识到了文化建设的重要性，不断强调我们要大力推进社会主义文化建设，以此反哺我国社会主义的发展。当今社会已经进入了网络发展的高速阶段，随着各种自媒体的兴起，文化变得更加细碎和具体。在此背景下，快速推进社会主义文化建设势在必行。我们可以通过宣讲、社区广告画等方式来促进社会主义文化建设与马克思主义平等观相融合，当社会主义文化建设成为人民群众的认同点时，就有利于我们推动马克思主义平等观的发展，约束人们形成马克思主义平等观的理念，丰富人们的内心世界，让平等的思维方式渗透到生活中的每一个细节，成为公民生活中的良好的社会主义文化。[15]

4. 改革与创新社会管理，保障公民平等权的实现

为保障公民权利平等，我国在法律和政策、舆论等方面都做了许多的工作。我国社会主义发展至今取得了许多的成就，同样也面临着许多的挑战。对于新时代的发展新要求，我们应当积极推进管理模式的改革创新，保障每一个公民都能拥有平等的权利。

平等不等于财富平均，不等于义务相同。平等是一种原则、一个信仰、一个概念。[16]这是当今人类在社会问题上唯一真实、正确和合理的原则。平等权利不仅是人权的基础，也是实现民主自由社会的前提。马克思主义平等观是马克思主义的一个重要而不可或缺的方面。在马克思主义平等观的指导下，我们应该努力实现社会主义社会的平等，将马克思主义平等价值观传承下去。

参考文献

[1] 白双翎:《马克思平等观的主要特征及现实意义》，载《理论视野》，2017 年第 3 期。

[2] 谢海燕:《平等价值观的时代内涵及实现途径》，载《人民论坛》，2017 年第 26 期。

[3] 中共中央马克思恩格斯列宁斯大林著作编译局:《马克思恩格斯全集》第 1 卷，人民出版社 1995 年版，第 287、180、121 页。

[4] 令狐情:《论马克思主义法律平等观的法治意义》，载《法制与社会》，2017 年第 28 期。

[5] 张晓灿:《马克思恩格斯的平等观及其现实意义》，上海师范大学硕士学位论文，2014 年 5 月。

[6] 中共中央马克思恩格斯列宁斯大林著作编译局:《马克思恩格斯选集》第 3 卷，人民出版社 1995 年版，第 22 页。

[7] 赵一红:《论中国特色社会福利现代化》，载《社会科学辑刊》，2018 年第 1 期。

[8]《马克思主义基本原理概论》，高等教育出版社 2010 年版，第 153 页。

[9] 毛娟:《马克思恩格斯的平等观》，载《法制与社会》，2008 年第 3 期。

[10] 李梦雪:《马克思恩格斯平等观研究》，兰州大学硕士学位论文，2018 年 6 月。

[11] 卢雷:《社会主义平等价值观的意蕴探微》，载《知与

行》，2016 年第 11 期。

［12］黄秋香：《马克思平等观及其对当代中国的重要价值研究》，西南大学硕士学位论文，2017 年 5 月。

［13］杨洛桑、成飞：《平等不等于平均》，载《理论研究》，2006 年第 39 期。

［14］张健健：《论马克思政治平等观》，长安大学硕士学位论，2012 年 5 月。

［15］郑广永：《重温马克思主义的平等观——兼论我国当前的平等问题》，载《廊坊师范学院学报》，2006 年第 2 期。

［16］吴东华、张洁：《论社会主义平等价值观的本质特征及践行原则》，载《马克思主义研究》，2016 年第 1 期。

第九章　马克思主义视域下的公正价值观

虽然我国发展迅速，但在发展进程中也不排除存在着一些问题。伴随着国家经济水平的增长，社会中的不公正现象仍然存在，这对整个社会的繁荣昌盛有着巨大的阻碍。党的十八大报告中提出："必须坚持维护社会主义公平正义。"[1]马克思认为公正是一个理想社会存在的价值观点，是以当前社会发展水平为基础来进行研究的。按照马克思主义公正观要求，只有致力于提高社会生产力的发展才能为消除不公正现象打好基础。马克思认为，要建立一个和谐稳定的社会，离不开人的作用，因此，重视人的自由全面发展也至关重要。社会公正能否得到印证，取决于能否建设一个有着中国特色、和谐稳定的社会。要让社会公正成为当前社会的主流，也更不能忽视马克思关于社会公正的研究。

"公平正义是一个特别宽泛的概念，它既可以是社会学的概念，也可以是法学的概念，同时公正也可以是伦理学的概念。但是我认为从根本上讲公正应该是作为经济学意义上的公正……"[2]马克思认为，社会公正是相对的，绝对的社会公正是不存在的，同时社会公正的实现也是循序渐进的，并随着社会历史的发展而变化进步的。他认为，社会公正要通过社会的不断发展才能得到实现，是一个循序渐进的过程，并不能操之过急，盲目采取措施，要在一定的历史阶段、一定社会的发展基础上，找到切实可行的方法，才能取得有效的成果。

“马克思的哲学理论包含着其社会公正理论，马克思主义历史观包含着公正观。其所谓的公正观的根本内容就是个人与个人之间、个人与社会之间所得与应得、所付出与应付出之间的‘相称关系’。”[3]他认为，在研究马克思主义公正观的同时，更不能忽视的是人的作用，在人与社会的互动过程中，要付出才会有所得。最后，是马克思主义公正观的意义研究。社会公正的实现离不开党和国家的领导，正是因为有了无产阶级政党的领导，它的实现使社会主义制度更加深入人心，体现了社会主义的优越性；使社会变得更加和谐稳定，朝着有制度有秩序的目标发展。

一、马克思主义公正思想的主要内容

（一）马克思主义经济公正思想的主要内容

关于经济公正马克思主要概括了三方面，包括生产领域的公正、分配领域的公正和交换领域的公正。

1. 生产领域的公正

由于资产阶级的压迫，出卖劳动力也就成了劳动者生存下去的一种方式。但是无产阶级虽然在日常劳作中出卖自身的劳动力，能得到的却只有少之又少的劳动产物和金钱资源，更多得到的是精神上的虐待和痛苦。所以我们说，资本主义社会缺乏社会公正，更缺乏人道主义。

马克思提出“当生产者联合起来通过一定的合理的组织对生产过程进行控制的时候，剩余的必要劳动就成为自由劳动”。[4]当私有制被消灭，人们能够公平地得到与付出的劳动同等的报酬，再也不需要为了生活下去廉价出卖自己的劳动和人格，这时公正才能真正实现。在共产主义社会，无产阶级对自己的劳动享有自主权，他们按照一致的目标进行劳动，这样社会公正才能真正建立起来。

2. 分配领域的公正

在资本主义社会，资产阶级充当整个社会的领头羊，享有所有的资源和资本，生产的所有产品也归他们所有，因此他们在分配领域也占主导地位。“不管一种商品交换另一种商品的条件如何有利，只要雇佣劳动和资本的关系继续存在，就永远会有剥削阶级与被剥削阶级存在。”[5]马克思深刻地谴责了资产阶级的这种压榨行为，因为由劳动者生产出来的成品价值不仅仅只包含了资源本身的价值，还包含着商品的剩余价值，即劳动力所包含的特别价值。资产阶级通过各种方式无以复加地霸占劳动人民产生的特别价值，这显然对于劳动人民来说是不公平的，但是在生产资料私有制的资本主义社会，这种不公正却是无法消除的。

马克思认为，“生产者的权利是同他们所提供的劳动量成比例的”[6]，就是按劳分配原则。首先是处在生产力和生产水平发展缓慢的阶段。其次，在物质财富极其丰富的条件下，生产水平快速发展的前提下，劳动开始成为第一需要时，人们的切实需要得到满足，人们之前处于分配问题的不公正问题得到消除，按需分配原则开始实现。

3. 交换领域的公正

对于身处资本主义社会的无产阶级来说，在人权得不到保障的前提下，他们没有绝对的自由。甚至说他们想拥有一件想要的物品都是奢侈，资产阶级强制让无产阶级听从他们的管制，限制他们的自由，并占有他们的劳动成果。同样在交换领域，他们也是没有自由的，他们想要的和不想要的都由资产阶级附加给他们，他们没有拒绝的权利，也没有申辩的地方。

对于社会主义社会来说，公正的实现也要靠人们来共同努力，虽然当前社会已经不像资本主义社会存在剥削和压迫问题，但也存在着不公正的现象。在马克思所设想的共产主义社会里，自由是可以真真切切实现的，他们可以按照自己的需求去选择交换自己想拥有的东西。在这时，公平正义就开始在交换领域扩散开来。

（二）马克思主义政治公正思想的主要内容

1. 人格尊严权

人格尊严权是每个人享有的基本权利。在历史中由于封建社会的制度以及人们深受腐朽思想的影响，人的尊严权得不到保障，能享有的权利也几乎为零。在奴隶制社会，位于社会底层的奴隶沦为地主阶级的附庸，被任意买卖和处死，显得毫无人权和尊严可言，但是他们身为奴隶，对自己的身份也并没有实质性的反抗，在内心深处也没有对尊严和自由的渴求。但是在资本主义社会，资产阶级掌握统治地位，劳动人民遭到资产阶级的摧残，他们迫切想改变这种现状，首先就是要逃离资产阶级的桎梏，努力实现自己的社会身份。

2. 自由平等权

资源的稀缺，导致了无产阶级无法实现自我发展。在资本主义社会，无产阶级没有任何的私有财产，只能用自己廉价的劳动力换取生存下去的希望。但是在共产主义社会，生产力发展使得资源富有，人们再也不用为获得温饱而辛苦劳作，“劳动成了生活的第一需要，每一个人成了自身的真正主人”[7]。人是自由发展的社会人，自由权也就实现了。

在资本主义社会，资本家们为了在反封建斗争中取得胜利，废除了一切等级制度，表面上是实现了人的平等权。但因为私有制的缘故，这种平等权永远也不可能真正平等，所以要实现社会的公正必须使社会各阶级都享有平等权。

3. 民主权

民主权的含义就是人民当家做主，处在资本主义的社会背景下，资本家拥有所有的资源，他们位于社会的最顶层，享有全部的人权。对于无产阶级而言，他们长期遭受资本家的压迫，不仅没有人权，更没有民主权。作为社会最底层的阶级，所谓的民主不过是资产阶级的民主对无产阶级的专制。马克思认为，只有在共产主义社会，才能实现真正的民主，那时的人们才能实现真正的自由平等。

（三）马克思主义社会公正思想的主要内容

1. 社会保障

社会保障是社会公正的基础。马克思认为，在资本主义社会中存在三类人：第一类是有劳动能力的人；第二类是孤儿和需要救济的贫民的子女；第三类是衰败的、流落街头的、没有劳动能力的人。[8]这三类人虽然存在于资本主义社会，社会却是不愿意去管的，资本主义认为，无产阶级只是他们统治下的拖累，只要不妨碍他们的利益和统治，都是可以不闻不问的。他们的这种处理方式引起了无产阶级极大的不满，因此无产阶级决定反抗，给资产阶级统治的社会造成了一定的动荡。这时，资产阶级才开始意识到要维护社会的安定，巩固他们的统治，就要设法帮助社会中的那三类人。针对资产阶级这种伪善行为，马克思提出了讽刺和批判。

社会保障实施的前提是给人民群众更加安定的生活，让他们不会因为贫困等种种原因而对社会失去希望。在马克思所设想的共产主义社会里，社会保障的完善能够让人人都过上富裕的生活，人人都能得到全面的发展，这也是一种理想化的实现方式。当无产阶级终于翻身做了主人，社会的资源得以共有，社会公正就真正实现了。

2. 受教育权

受教育的权利人人平等，每个人享有受教育的权利。马克思指出，在资本主义社会中，资本家只重视生产效率，忽视人的权利，因而雇用了许多未成年的孩子充当童工，来帮他们获取利益。这些童工长期受资本家的压迫和剥削，没有或很少接受教育，马克思认为，“儿童在发展阶段必须接受完整的教育，作为社会发展的后备军，积蓄自己的力量，才能更好地促进社会的生产发展”[9]。要使一个民族发展壮大，让每个公民都能接受教育这件事也是重中之重。教育的普及，不仅能让每个人提升个人技能，还能提升整个社会整个国家的整体素质，更能为社会公正的实现打好坚实的基础。

二、公正作为马克思主义价值观的当代内涵

胡锦涛同志在党的十八大报告中提出："逐步建立以权利公平、机会公平、规则公平为主要内容的社会公平保障体系，努力营造公平的社会环境，保证人们平等参与、平等发展权利。"[1]

（一）权利公平

权利公平要求所有社会公民都要依靠法律的规定平等地使用自己所拥有的权利和履行自己应尽的义务。社会公民在法律面前人人平等，每个人都依法享有平等的权利。权利的公平不允许有凌驾于法律之上的权利存在，权利在每一位公民身上都是相等的。法律保障人人平等，权利的公平不仅仅要保护全体公民的合法权利，还要保护公民的尊严，保护他们不受歧视。要实现权利公平，就要平等对待社会各阶层公民，不能因为出身、职业、居住地域、财富等原因区别对待，人们无论是居住在城市还是在农村，贫穷或是富有，每个人在政治、经济、文化领域中享受的权利都是平等的。实现权利公平的方式首先就是要充分保障所有公民对国家大事、领导决策的知情权，依法参加各种活动的参与权，对政府职能部门的监督权等。其次要保证立法权的公正，禁止立法部门将法律与利益联系在一起，从而造成不良的社会影响，使公民对立法部门失去信心。最后，要保证执法过程的公正，做到有法可依，有法必依，执法必严，违法必究。只有依法治国，严格依法办事，人民群众的权利才能够得到充分的保障。

（二）机会公平

在探讨机会公平的内涵时，人们大多都会把它理解为每个人都拥有平等的机会，但是这只是机会公平的一种理解，叫作“机会均等”。如适龄儿童都依法享有接受义务教育的机会，即使在面对不平等的先决条件和背景，每个人也拥有公平的机会。不应该存在地域、贫富的区别对待。但是机会平等在很多条路上，还是走不通的。比如，每一个参加高考的人，都能获得进入高等学校的资格；每一个辛苦训练的运动健儿，都能获得成为国家运动员的资格，这些就是不可能走得通的。如果机会无限公平，人们就不会对机会进行争抢，也就不会有机会公平的渴望。目前参加某些活动如高考、公务员招考、国家奥运会都是需要一定的能力，在没有多余机会的条件下，如果把机会留给那些无能或者能力不够的人，就会使机会不能发挥它的价值。因此，要通过判定能力的大小来支配机会。所以说机会平等是两方面的平等，机会的公平是进行一种活动的权利公平，也是取得使用权利的对应条件的公平。所以机会公平也是权利公平的一种。

（三）规则公平

规则公平是机会公平的前提条件，规则公平是指保障人们参加某些活动的资格，每一个人或者组织单位都依法享有可以参与各种活动的权利和机会。比如，年满十八岁的公民，都拥有可以参军入伍的权利和机会；适龄的儿童，就依法享有受教育权和义务教育的权利和机会；企业单位达到了注册的标准，就可以拥有获得营业执照的权利和机会。这些权利和机会的实现，都是在有着相应规定的前提下，即使在机会无限的情况下，虽然公民或企业参与活动的权利是平等的，仍然要求对公民和企业的参与权进行限制。比如，选举的权利并不缺少，却不能滥用，因此就有了一定的规则即选举法，来对参与资格进行一定的限制，如确立“年满十八岁”“公民”等条件。满足了规则规定的条件，也就具备了相应的权利的机会。这既是权利的公平，也是机会的公平。此外，还要严格依法办事，实现社会各阶层人人平等。

当规则公平在社会中得以实现，同时也就代表着机会公平的实现。社会在机会和规则公平的双重前提下，实现社会整体的公正也就有了保障，从而逐步形成一个人人遵守规章制度的和谐社会。

三、培育和践行马克思主义公正价值观的意义、要求和方式

（一）培育和践行马克思主义公正价值观的意义

1. 有利于体现社会主义优越性，增强社会主义吸引力

马克思指出，在资本主义大生产环境下，无产阶级作为生产劳动的主力军一直遭受资产阶级的压迫和剥削，导致生产力水平低下，劳动者得不到与之付出的劳动力相对等的利益报酬，也会逐渐丧失对生活的信心。资产阶级掌握着全部的资源，无产阶级凭借付出的劳动所能得到的资源寥寥无几。

而社会主义的制度对资本主义来说有极大的优越性，首先，社会主义经济的主体是无产阶级和工人阶级，生产资料不再为一个阶级独享，因而给了社会主义先进的生产力条件；其次，社会主义社

会是劳动者的社会，它代表着劳动人民的根本利益，社会主义制度是在不断探索和创新中建立起来的，它具有自我完善和发展的能力，能够适应人们现阶段的发展需要。但目前，我国社会主义还处在初级发展阶段，我们在认识和弘扬社会主义优越性的同时，必须把理论和实践结合起来，对待发展前景，不要盲目乐观。

2. 有利于促进社会和谐，推动中华民族命运共同体建设

习近平总书记早在 2014 年中央民族工作会议上指出："中华民族是一个命运共同体，一荣俱荣，一损俱损，各民族只有把自己的命运同中华民族的命运紧紧连接在一起，才有前途，才有希望。"[10] 所谓"命运共同体"，是指建立在共同的历史条件下、共同的现实基础上和共同的未来憧憬之上的，强调在互相交往和影响中经历和分担共同的命运，即"你中有我，我中有你"。

马克思主义公正观的实现，让社会公正成为人的共同心声。社会中的种种不公正行为在马克思主义公正观的践行中得到了抑制，权利的公平表现为社会中人人平等，不再存在各种歧视，政府部门能够依法办事，人民的基本权利得到保障。机会的公平让每个人都能参与到社会实践中去，让每个人自己做自己的主人，不再因为贫穷和富有、阶级问题、地域差异而得到区别对待。规则的公平实现了社会各阶层人人平等，不搞特殊化。社会不公正现象的逐渐消失是建设和谐社会的一个重要前提，只有社会内部都朝着同一方向努力，逐步实现社会公正，整个中华民族才会越来越强大。正是因为我们有着共同的愿望和憧憬，才能推动中华民族的命运走向繁荣昌盛。

3. 有利于团结动员全体社会成员实现中华民族伟大复兴

习近平总书记在中央政法工作会议上的讲话中强调："要把维护社会大局稳定作为基本任务，把促进社会公平正义作为核心价值追求。"[11]践行马克思主义公正观，给社会生活带来了极大的变化，贫富差距的缩小、受教育权的平等和义务教育的普及、就业情况的改善、社会保障的力度加强、给人民群众的发展提供了支持。人们开始意识到作为中华民族的一份子，为了实现民族伟大复兴应当贡献出自己的一份力量。作为中国特色社会主义社会中的一员，我们更应该一起攻坚克难，团结协作，一同致力于中华民族的伟大复兴。

（二）培育和践行马克思主义公正价值观的要求

1. 以大力发展生产力，消灭私有制为基础

马克思认为，资产阶级对资源的占有，是造成资本主义社会出现不公正现象的主要原因。他认为，当社会的意识形态得以改变，人们不需要再经过人权的占有和出卖自己的劳动力去换取生存下去的希望，而是依赖于高生产水平带来的富余的物质资源，这时，社会的公正才有可能得到保障。但是，人们长期处于资本主义社会，由于资产阶级对全部资源的占有，造成了社会动荡，使得不公正思想在社会蔓延开来，社会矛盾加剧。马克思认为，就算当前社会处于共产主义的初级阶段，也面临着种种不确定的因素，导致完全的社会公正难以达到。每个人在社会中发挥的作用不同，他们所能获得的酬劳也不尽相同，这个取决于每个人之间能力水平的差异。一个人能胜任多大难度的工作，与他们自身的智力水平和能力水平息息相关，因此，获得的酬劳也就存在着多少的差异，这也就印证了

按劳分配的原则。这也是完全公正难以达到的原因之一。如果我们处于共产主义社会的兴起阶段，生产力水平达到了一定的高度，物质资源极大丰富的时候，人们开始享受生活，同时把劳动也当作享受生活的一种方式，人们再也不仅仅只依赖劳动获得而生存，在这个时候，完全的公正就达到了。

2. 以实现社会公正、建立共产主义为目标

对于资本主义社会的种种不公正，马克思、恩格斯指出："人们每次都不是在他们关于人的理想所决定和所容许的范围之内，而是在现有的生产力所决定和所容许的范围之内取得自由的。"[12] 在奴隶制社会，奴隶作为奴隶主的附庸，也就是附带品，奴隶主和奴隶之间只存在奴役和被奴役的状况；在封建社会，地主侵占田地，欺压农民，人权的不平等在封建社会被体现得淋漓尽致，社会公正更是不必谈；在资本主义社会，资产阶级仅仅把劳动人民当作为自己生产财富的一种工具，在阶级社会也就不存在公正。马克思提出，只有处在共产主义社会，才能真正实现人类公正。在这个社会阶段人类从被迫的劳动转化为自愿的有意识地劳动，人们成了社会的主体。共产主义社会的形成，使得社会生产力发展迅速，为达到社会公正打下了坚实的基础。

3. 以实现人的自由全面发展为价值导向

资本主义社会的压迫使人们失去了人身自由和人权自由，让人们得不到全面的发展。马克思主义的公正观的形成就是建立在批判资本主义不公正现象的前提下的，因而马克思认为，要达到社会公正，必须以人的自由和全面发展为价值导向。人的自由和全面发展主要包括两方面的内容。

首先，人的自由全面发展指的是实现人自身的全面发展。每个人从生来就与众不同，拥有与众不同的天分，这些天分造就了人自由全面发展的可能性。在不同的社会形态下也会有不同的发展，当处在资本主义社会形态下，人权根本得不到释放，所谓的天分也被资本家扼杀在摇篮里，更不要说人的全面发展的可能了；但是如果处于共产主义社会形态下，在充分保障人权的前提下，每个人的天分都能够被发挥出来，人的全面发展也就有了充分的可能性。

其次，人的自由全面发展还指人与人之间社会关系的全面发展。每个人作为社会大环境中的一员，各自的天分只有在这个环境下才能够有机会展示，每个人的天分都是不同的，要想让这些天分得到释放，就要与社会牢牢结合起来。每个人要想实现自身的自由全面发展，处理好人与人之间的社会关系也尤为重要，只有解决好这些矛盾，才给每个人的自由全面发展提供了实现的机会。只有社会生产力快速发展，共产主义社会能够建立，人的自由全面发展才能有机会实现，这是社会历史发展的必然趋势。

（三）培育和践行马克思主义公正价值观的方式

1. 大力发展社会生产力，为社会公正的实现奠定坚实物质基础[13]

生产力是社会发展的基础，社会主义的根本要务是发展生产力，提高生产力水平。这就要求我们必须更加重视和始终坚持发展生产力。如果生产力不发展，社会主义制度的巩固和国家的长治久安就会遇到极大的困难。马克思认为，首先，要坚持党的领导，坚持以经济建设为中心，同心同德地追求发展。其次，是要通过改革调整不适合生产力发展的生产关系部分，调整不适合经济基础发展的上层建筑部分。再次，由于人民群众是生产力的决定性力量，加快发展生产力必须整体提升劳动人民的思想道德素质、科学文化素质和身体素质，大力促进人才强国战略的施行。最后，科学技术是第一生产力，也是先进生产力的集中体现和主要象征。要大力发展生产力，就必须加快科学技术的稳步发展，大力推进科学技术的进步和创新，为社会公正的实现打好基础。

2. 不断完善社会保障体系，着力解决民生问题[14]

民生问题是当前社会关注的热点问题，近年来，我党在关注民生、改善民生的方面做了大量的工作，也取得了一些成效。为了最大限度保障人民的利益，就要健全社会保障制度，尤其是要保障社会中处于劣势的群体，提高他们的生活质量，了解他们对生活的需求。

首先，全面推进居民社会养老保险和医疗保险的工作，完善社会保障制度；其次，改善居民的住房条件，对住房困难户给予一定形式的住房补贴，让收入水平低的人能够买得起经济适用房，让人民能够安居乐业；再次，加强对教育领域的建设，让孩子们既能够上得起学，也能够上得好学，在人才培养方面要加大力度，提供优质的办学条件；最后，加强对困难家庭的救助力度，对于符合低保标准的家庭，都应办理低保，保障他们的生活和温饱问题。这些政策的施行，也会进一步促进社会公正的建立。

3. 扩大就业范围，促进公平就业

为了提高就业比率，应该努力拓宽就业路径，增设就业岗位；重视各领域教育的发展，努力提升从业人员的个人素质；做好对大学生的就业引导和指导；实行大众创业、万众创新等。同时，要带动城市和农村的共同富裕，就要消除城乡差距，让城市和农村的劳动者获得公平就业的机会，从而加快城市化的进程，促进经济水平的提高，这必然会带动市场需求的发展，从而为进一步促进就业打好坚实的基础。我国当前处于社会主义发展的转型期，亟须形成完善的失业保险制度、最低工资制度、养老保险制度等社会保障制度，以保障人民的生活，要让所有人民群众都处于“老有所养、劳有所得、学有所教、病有所医、住有所居”的社会大环境中。

马克思主义公正观的实现是一个漫长又艰辛的过程，要立足社会主义社会的基础，要通过不断的研究、探索和实践去实现。在它实践的过程中，也不要忽略人在其中的作用。“中国特色社会主义，承载着几代中国共产党人的理想和探索，寄托着无数仁人志士的夙愿和期盼，凝聚着亿万人民的奋斗和牺牲，是近代以来中国社会发展的必然选择。”[16]要建设有中国特色的、和谐稳定的社会，马克思主义公正观必须与当前我国国情紧密联系起来，形成具有中国特色的公正观。只有不断发展生产力，才能实现人的自由全面发展，才能逐步实现社会公正。

参考文献

[1] 胡锦涛：《坚定不移沿着中国特色社会主义道路前进为全面建成小康社会而奋斗——在中国共产党第十八次全国代表大会上的报告》，人民出版社2012年版。

[2] 周新城：《论恩格斯对马克思主义公平观的科学阐释》，载

《马克思主义研究》，2006 年第 6 期。

[3] 袁贵仁：《论马克思主义的公正观》，载《求索》，1992 年第 4 期。

[4] 梅米特·塔巴克：《马克思主义关于道德、公正和权力的思考》，载《当代世界与社会主义》，2004 年第 5 期。

[5] 中共中央马克思恩格斯列宁斯大林著作编译局：《马克思恩格斯选集》第 1 卷，人民出版社 1995 年版，第 227 页。

[6] 中共中央马克思恩格斯列宁斯大林著作编译局：《马克思恩格斯选集》第 3 卷，人民出版社 2009 年版，第 435 页。

[7] 杨建军：《马克思的价值理论及其当代意义》，河北师范大学硕士学位论文，2012 年 11 月。

[8]《资本论》第 1 卷，人民出版社 1972 年版，第 706 页。

[9] 杨洋：《马克思公正观及其当代启示》，河北师范大学硕士学位论文，2016 年 5 月。

[10] 习近平：《在中央民族工作会议上的讲话》，人民出版社 2014 年版，第 9 页。

[11]《资本论》第 1 卷，人民出版社 2004 年版，第 833 页。

[12] 吴玉军、韩震：《马克思主义公正观的价值意蕴及其实现路径》，载《中国高等教育》，2018 年第 9 期。

[13] 郝亚东：《中国共产党以人为本执政理念研究》，燕山大学硕士学位论文，2012 年 12 月。

[14] 郝立新：《中国特色社会主义的公正理念》，载《光明日报》，2013 年 5 月 4 日。

[15] 张晓飞：《公正感的培育：社会主义核心价值观教育的着

力点》，载《思想教育研究》，2015 年第 1 期。

[11] 习近平：《把促进社会公平正义作为核心价值追求》，载《中国青年报》，2014 年 1 月 9 日。

第十章　马克思主义视域下的法治价值观

长期以来“法治”一词一直存在，它与人治是相对的，亚里士多德曾极力主张法治，并从多方面印证法律应当优于一人之治，他认为法治包含两重含义，一是已经成立的制度得到了公众的共同认可，二是公民所要遵守的是大家都认同的优良之法。这是对法治的经典界定。

马克思主义法治价值观是我国构建法治社会的主体思想，依据不同历史条件，结合中国具体实际，与中国社会实践密切结合，从而产生了符合本国国情的法治理论体系，为建设中国特色法治社会提供了条件。对马克思主义法治价值观进行研究，可以为我们正确发展马克思主义法治思想提供一个新的角度。[1]

一、马克思主义法治思想的主要内容

（一）马克思主义经典作家的法治思想

马克思主义经典作家的法治思想重点指的是马克思、恩格斯以及列宁三个人的法治观。马克思、恩格斯的法治观首先批判了资本主义法治，揭露了法的本质及其一般规律。十七十八世纪的资本主义法治是在唯心主义基础上建立起来的，把法律粉饰为“神的意志”抑或“永恒的自然法则”，马克思、恩格斯在肯定其进步性的同时也对其进行了深刻批判。马克思指出：“法的关系正像国家形式一样，既不能从它们本身来理解，也不能从人类一般精神来理解，相反，它们根源于物质生活条件。”[2]随后在《共产党宣言》等著作中揭示了法的本质，即法是国家分裂为不同等级的成果，是领导阶层利益与思想的显露，同时提出法律不是永恒不变的，它一样会根据社会形态的变化而变化。其次，解释了法制建设的构建思路。马克思、恩格斯虽未对法治内容做解释，但他们的经典著作中含有法治思想的理念和观点。强调法律的至高无上性，认为法律是神圣的，要求人们树立对法律的信仰。为保证法制神圣性，马克思、恩格斯提出建立无产阶级专政、用革命打破旧的国家机器、废除资产阶级法律制度、创建社会主义所需法治等实行社会主义法治的前提条件。“此外，公民守法方面，马克思着重强调了两点：一是公民遵守的法律应该是良法；二是公民守法应强调权利与义务的对等性。”[3]意在说明社会主义的法律是良善之法。

列宁极其注重法治，他对马克思的法治思想进行了某种程度的继承和发展。首先，提出要实现依法治国，就要有完备的法律条件，其中有法可依是创建法律的基础条件；其次，提出坚持人民民主是社会主义法治的宗旨，人民具备参与社会活动的权利；最后，提出要保证法律的统一及实施，必须加强对法律的监督。

（二）中国化的马克思主义法治思想

中华人民共和国成立后，我国在法治完善的道路上不断探索，最终经过几代人的努力渐渐建立了具有中国特色的本国法治理念。

毛泽东法治思想。第一，开创性地提出民主专政这一思想，也即在我国人民中间要实行民主，并领导制定了我国第一部宪法。第二，重视社会主义法治建设中上层建筑的完善，毛泽东同志密切关注建设法治国家应当具备的条件。基本法和一系列条例的相继成型，预示着我国即将进入法治型社会。

邓小平法治思想是马克思主义法治观中国化进程中的一次伟大创新，它标志着中国逐渐找到一条富有中国特色的法治之路。他的法治思想主要有三点：第一，依法治国，邓小平同志在总结中国法治建设的曲折历程中，深刻总结苏联国家法治建设失败的教训，认识到建设法治国家的重要性。第二，阐明了民主与法治的关系，把民主与法治有机结合起来，是邓小平法治思想鲜明的体现。第三，提出了“有法可依、有法必依、执法必严、违法必究”的十六字方针，这也是我党长期进行法治建设遵循的基本原则。此外，邓小平同志还强调经济建设要与法治建设相结合，做到“两手抓”。他指出：“搞四个现代化要有两手，只有一手是不行的，所谓两手即一手抓建设，一手抓法治。”[4]形象说明了法治建设在社会发展中的重要地位。

江泽民同志的法治观：确立依法治国的方略；强调依法治国必须坚持党的指导地位，重视精神文明与法治建设同步推进。

胡锦涛同志的法治思想：第一，和谐法治观；第二，依法执政观，“依法治国首先要依宪治国，依法执政首先要依宪执政”；第三，法治理念观；第四，民生法治观，即法治建设要以民生为本。

习近平法治思想：第一，将法治作为我国处理政事的根本方法，使法治在治国理政中的影响得以体现，也强调依法治国的一个前提是要依宪治国；第二，提出“新十六字方针”，即科学立法、严格执行、公正司法、全民守法，开启我国法治建设新时代；第三，主张从严治党，用法律手段打击腐败现象，大力反腐，使反腐工作规范化，制度化。

（三）中国特色法治理念的基本内容

“依法治国、执法为民、公平正义、服务大局、党的领导”五大基本内容“是一个相辅相成、不可分割的有机整体，构成了社会主义法治理念的完整理论体系”。[5]依法治国作为世界上大多数国家采用的治理本国的重要手段，代表着人类先进文明的发展历程。在构建法治社会的历史过程中，要始终如一地坚持依法治国。党的十八届四中全会强调“依法治国是坚持和发展中国特色社会主义的本质要求和重要保障”。[6]依法治国是对于人民而言的，要把人民放在主体地位上，强调劳苦大众在国家治理中的重要位置。

执法为民，通俗地讲就是为了人民而执行法律。执法为民最重要的是要文明执法，要求执法主体以我国法治理念为行动指令，用文明执法的形式办公。执法为民的内容包括：首先，执法为民一定要以人为本，注重人民群众的一切利益，切实维护和保障人民利益；其次，要注重保障人权。

公平正义，是指在遵法守法的前提下，所有人能平等地享受应有的权利，履行应尽的义务，这些都是建立在法律保障之上的。对公平正义的深层感悟是要认识到法律面前每个人都是一样的，没有人可以例外，权利和义务是相辅相成的。其次，公平正义一定要合法合情合理。再次，要体现公平正义程序正当是必不可少的一个步骤，只有严格按照法律规定让所需要处理的案件能够通过正规渠道进行及时有效的处理，公平正义才能够更好地展示出来。

服务大局思想是法治的各项规定都要充分考虑对社会发展运行的影响，同时也要对各种法治实践活动提供服务。当前我国处于快速发展时期，人民对法治的关心也会随着社会进步的变化而变化，这就是服务大局历史性的体现。与此同时，重视强调社会对人民利益要求的服从，防止一切危害大局利益的行为。

党的领导是我国的一种执政方式，“我国宪法确立了中国共产党的领导地位，坚持党的领导，是社会主义法治的根本要求，只有在党的领导下依法治国，人民当家做主才能充分实现”[7]。

二、法治作为马克思主义价值观的当代内涵

2014年，我党提出了“科学立法、严格执法、公正司法、全民守法”这一新的法治十六字方针。[8]这体现了我国法治理念的进一步成熟，也是当前我国在马克思主义价值观下的法治内涵。

（一）科学立法

要形成具有中国特色的法治理念，就要做到用科学的手段解决问题。第一，要养成行之有效的立法观念，立法能够保障人民当家

做主，同样也能使他们的权利和利益得到充分体现。要以实际为主，看清现实情况，反映经济社会发展的客观规律，解决实际问题。第二，要增强立法效果。在我国法治社会的建立阶段，首先要完备立法体制，建立高效沟通机制，采纳社会成员的意见，促进人民当家做主。其次，根据当前社会建成的现实性，以改革的方式促进立法的进步和发展。

（二）严格执法

法律的关键在于施行。当人民可以依靠法律来维护自己的权益时，接下来的重要问题就是怎样保障法律科学有效地执行，而严格按照法律执法是关键。首先，执法部门要严格按照法律处理政务，它担负着施行宪法的基本任务，对我国法治建设起到推动作用，为此，第一，各个国家机关必须以“法”为核心，确保国家机构及其职能法制化，工作程序法制化，规定法律在没有得到明文指示下执法机构不可擅自行动；第二，要完善法律决策体制，保证决策体制规范化，程序合理化；第三，更新司法观念、提高执法效率、提升执法素养，按照法律规定的要求，严格处置各种破坏法律的行为，保证公平执法，以防类似不公平纠纷的发生。其次，提高对行政权力的管理。因而我们要做的有：第一，要按照国家权力机关各自的职能，建立合理、行之有效的执行机构，密切各权力部门之间的互相监督，以此来提升办事效率；第二，要重视问责制度的落实，坚持政府工作透明化，以此来规范执法部门职员能够依法履行职责，不滥用公共权利来谋取私利，以法律为衡量标准，避免出现官僚腐败现象。

（三）公正司法

“公正是法治的生命线，司法公正对社会公正具有重要引领作用，司法不公对社会公正具有致命破坏作用。”[9]保证执法部门能够公正司法，首先，司法机关要按照法律严格办事。现在的历史时期各个国家通常都坚守司法公正的思想，而由于各个国家之间的具体情况都不同，因此每个国家在维护司法公正方面采取的具体措施也都不尽相同。当前我国司法工作的开展，首先应高举党的领导旗帜，走社会主义特色道路。其次，要坚持人大代表制度。最后，要通过一系列措施促进公正司法的实现，强化司法过程中的人权保障，具体表现出为人民服务的司法原则。

（四）全民守法

形成全民守法，第一，要确保法律的崇高地位，规定所有人都要在法律许可范围内行事，所有人和个体都不能有特权。规定所有权力都要受到法律的制约和规范。第二，促进全社会建立法治思维，要大力进行法治思想传播，增强公民法治观念，形成每个人都遵法守法、化解矛盾靠法的良好范式。第三，领导干部起带头作用，“民以吏为师”，各级领导干部要起模范带头作用，克服人治思想，强化法治思维，依法处事，避免以权代法、独断专行、滥用权力的现象发生，在整个国家中营造出一种人人信法尚法的氛围。第四，在执行各种司法活动时，让执行者做到用程序思维、权利思维、义务思维等开展工作。

三、培育和践行马克思主义法治价值观的意义、要求和方式

（一）培育和践行马克思主义法治价值观的意义

党的十九大报告指出："社会主义核心价值观是当代中国精神的集中体现，凝结着全体人民共同的价值追求。"[10]重视培育中华独特价值观，践行马克思主义法治价值观对我国有一定的指导意义。

1. 有利于建设法治政府

"中国法治政府建设作为中国特色社会主义法治体系的重要组成部分，是对中国特色社会主义道路的再次升华。"[11]当前我国处于法治社会的建设期，将法律融入社会发展的方方面面，需要政府部门的支持。政府部门是为人民服务的部门，也是一个具有公信力的部门，人民有了矛盾，政府部门就能依照所拥有的权利进行干预，同时，政府的权力也受法律的保护和法律规则的制约，政府部门人员在行使自己的职能时也要依据法律的规定。因此，要建立一个法治型政府，是政府履行自己职能的前提。首先，政府要树立依法办事的观念，政府及其工作人员都要严格按照法律办事，这是他们的职责所在。政府人员特别是领导人员尤其要带头学法守法，以强化运用法律手段解决社会问题的能力。其次，要公正文明执法，政府机关要严格按照法律行使权力，不存在危害社会秩序、暴力执法、损害人民利益的情况，要全面提高政府执法人员的素质。

法律的关键在于实施，其中政府是执法主体，建设法治政府是中心。同时，各级政府必须坚持党的指引，以"法"为方向，构建

法律体系，修缮法律程序，促进全面执法，加快建立权责统一、办事高效、廉洁公正的政府。

2. 有利于建设法治社会

“建设法治国家是包括法治社会和法治政府建设的。”[12]法治社会指的是国家的各项措施、社会理念等能依法有效地贯彻落实并正确实行的一种状态。在社会发展的某一阶段，法治理念成为公众热心推崇的治国方略，社会治理者通过法的施行和管理，构建人们所需要的法治社会。一个为人称赞的法治社会是以法治政府建设为关键方向的。那么，在这个发展进程下，要想达到人人自我治理的可观境地，就不可避免地要发挥政府行政能力合法化方面的指向作用，简单地说，一个不具备完整体系的法制政府是无法引导法治社会建设的。法治社会里，法律面前人人平等，不能按照掌权者个人的喜怒哀乐和与他的亲疏关系程度来决定政治、经济等各领域有关社会性质的公共事件。于发展健全的法治社会而言，它应该存在两个层面的因素，一方面是具有法治精神，另一方面则是具有反映法治精神的制度。简单地说，法治的精神层面重点指的是全社会对法律高高在上的地位的一种认可和无条件的支持，形成自觉维护法律规章制度，并且通过法律手段来解决政治、经济、社会、民事等方方面面纠纷的思维和习惯。在法治民主的社会环境中，法律章程和行政法规是从正常的民主程序中演化并拟定出来的，司法的内容和执行的过程是透明化的，在全社会范围内接受公开的监督。

3. 有利于培育法治公民

法治公民就是掌握一定的法治知识、具有法治意识和法治思维、具备一定法治能力的公民。[9]我国从最初宣传法律普及思想到现在已有几十年的历史，这期间取得了令人满意的结果，具体表现在整个社会的法律意识有所强化、法治素质有所提高等方面。我国在开展培育法治公民的一系列工作进程中，之所以会有以上可喜的发展成果，很大一部分是由于我们坚持了正确的方向即对马克思主义价值观的积极借鉴、合理继承和创新发展。我们务必要坚定不移地培育和践行马克思主义法治价值观，只有这样做才能在全社会范围内更广泛地宣传法治理论思想，营造出一种良好的全民学法的优良社会氛围，让社会公民在这种氛围中潜移默化地将法治思想根植于自己的内心。理论思想对人的实践行动具有指导意义，公民在全面接受法治思想的熏陶中，自觉地将法治理论融入到生活实践中，如此才能更好地培育法治公民，这就是马克思主义法治价值观在我国培育法治公民过程中发挥的积极作用。

（二）培育和践行马克思主义法治价值观的要求

1. 坚持党的领导、人民当家做主、依法治国有机统一

习近平总书记指出："把坚持党的领导、人民当家做主、依法治国三者有机统一起来是我国社会主义法治建设的一条基本经验。"[13]"三统一"也是中国特色社会主义法治道路鲜明的特点。这是党对社会在建设规律方面的实践经验和科学总结，也是对中国特色法治的发展。党之所以能长期稳定地处在领导地位，是历史的检验和人民的选择而产生的必然结果。人民当家做主，制定了属于人民的宪法，并赋予了党领导权。习近平总书记强调，"三统一"中最根本的是坚持党的领导。[14]坚持党的领导的目的是让人民成为国家的主人，"三统一"的实质是人民群众当家做主。只有实行依法治国才能从根本

上有效地保证和巩固党的执政地位，保障人民群众的权力，把党的政策和人民的意志集中在一起。“三统一”之间是相互促进、相互依赖的，谁也离不开谁。在习近平法治思想的指导下，中国共产党摸索出了建设社会主义法治社会的正确道路。同时，必须明确的一点是必须坚持“三统一”，并且要坚持从中国具体的实际情况出发，拓宽社会主义法治的道路，让我国法治建设坚持正确的发展方向。

2. 坚持依法治国与以德治国的有机统一

“国家和社会治理需要法律和道德共同发挥作用。”[15]如果要建设一个完备的法治社会，除了要依照法律有关规定严格依法办事，依法治国，还要重视法律的树人作用，以德治国。法律是衡量社会安定的一架天平，在将法律运用到社会中时，就要保证这架天平能够平衡。法律具有强制力，一旦违反法律，就会受到惩罚，当处于社会不稳定的阶段时，法律就能在国家和社会的管理中发挥硬性作用，以强制力遏制社会中出现的各种问题。但是德治就存在着明显的不同，以德治国主要强调的是个人的自律性，如有人犯了错误，这个人在自身责任感和道德感的驱使下去承认这个错误并承担由其造成的后果，之后，道德就会成为自身的信念力量，在社会中发挥余热。比如，公车上给老弱病残孕让座、扶老人过马路等助人为乐的例子，都能体现德治的积极作用。因此，既要重视法治强制性的威慑力作用，也要重视德治对社会的正面影响。前者可以透过雷厉风行的过程达到社会长治久安的结果，后者则以带给人们温暖的方式来达到社会的稳定，二者有机结合。

3. 坚持民主法治化与法治民主化的有机统一

在当前社会形态下，人民民主权利的保障，也是法治建设中的一部分，法治和民主是有联系的，要想实现民主，就要健全法治建设。民主作为法治建设的灵魂和指引，对于人民所享有的权利有很好的保障。如果法治不能得到落实，民主就只能停留在幻想中，民主权利得到保障，使人民对法律存有信心，人民可以通过法律来获得享有的权利，对社会的稳定有重要的意义。法治为保障人权的自由和保障人的幸福生活服务，民主的作用则是为法治注入生活的活力，让法律能够与时俱进，对人权的自由和保障，有重要的作用。法治与民主息息相关，我们必须要把握好他们之间的关系，让他们有机结合起来，这对于促进和谐社会的构建和体现中国特色社会主义的优越性，有着重要的指导意义。

民主法治化，体现在人民依法享有的各种权利中，如知情权、选举权、公平参与权，法律保障人民的权利，人民通过法律可以最大限度地参与政府的工作，对政府的工作进行监督。这方面就可以看出民主法治化的体现，同时政府设立信访部门，让公民可以利用自己的权力进行维权，对待政府部门或者法律部门做得不好的地方，人民也可以及时地提出意见，政府部门可以通过修改意见进行及时地整改。这时法治化的民主就能得以实现。

（三）培育和践行马克思主义法治价值观的方式

1. 培育法治思维

习近平总书记指出：“建设法治国家、法治政府、法治社会，实现科学立法、严格执法、公正司法、全民守法，都离不开一支高素质的法治工作队伍。”[16]培育法治思维的一个大前提就是法治工作团体的整顿，没有这个前提，法治思维就会成为无根之木。培育公民法治思维，可以利用各种实践活动来逐渐培养人们的法治观念。具体来说，可以从两方面入手，首先，要加强宣传力度，修缮法治体系。宪法是我国的根本大法，要培育我国公民的法治思维，就要使人们把宪法当作自己的一种信仰，从内心真正地接受宪法，愿意自觉去维护它；其次，要完善法治环境。它代表了一个国家发展的实际水平，能够在潜移默化中增进人们的法治观念、规范人们的一言一行，使我国向更高的层次发展。

2. 弘扬法治精神

现阶段，全面建设法治国家成为我国走向中国特色社会主义的必由之路，为此我们要做的是在全国范围内大力弘扬法治精神，着力建设法治文化。把党的领导贯彻到依法治国的全过程和各方面，是我国法治建设的一个基本经验，也是法治精神的基本内涵。要在当前我国的社会中大力弘扬法治精神，需要建立起法律独特的权威性，使人民对法律有一定的敬畏心理。除此之外，还应让人民形成一种对法的信赖感，也即人民愿意相信法律能保障他们的合法权益，同时还能够自觉使用法律来维权。在此基础上大力弘扬法治精神，在整个国家中形成一种人民知法懂法、守法用法的和谐氛围，这样就可以强化人民的法治思维，带动法治社会发展，从而更好地推动法治国家建设。因此，我们应大力弘扬法治精神。

3. 建设法治文化

在我国增强普法力度，弘扬法治精神，有利于促进法治文化的建设。法治文化建设是向民众宣传法治观念的基本途径，是实现依法治国的重要保障。向民众宣传法治理念，使法律观念能够家喻户晓，就必须着力推进法治文化建设。建设法治文化，必须使法治成为人民的坚定信念，指引人民即使在日常生活中也能自觉维护法的权威。为此，我国在制定法律的时候必须保证能科学、充分考虑人们的需要，同时要加强法治文化建设。

社会主义法治文化是一种软约束性的文化，是人们的一种精神信念，它能够在精神上指引人们向着正确的方向前进，在经济快速发展的今天有着举足轻重的地位。首先，它是依法治国的关键，脱离文化这一内容，法治建设就是残缺的；其次，它有利于加强国家的管理能力，是国泰民安、社会和谐的关键；再次，它有利于营造良好的法治氛围，使人们在潜移默化中受到感染，自觉地维护法律，推进法治建设。因此，我们应加快建设法治文化。

就现阶段文明的发展趋势来说，法治在促进国家发展的过程中起着至关重要的作用。虽然当前我国在法治建设这条路上的发展前景一片光明，但法治建设的方向与当前的社会现状仍有着一定的差别。我们必须根据国内外环境的新变化，结合我国实际情况，促进中国法治建设的发展。不能忽视的是，我们对法治思想的领悟也要从发展的角度，用扬弃的方法科学地将其运用到法治建设实践中。对马克思主义法治价值观的研究有利于指导我国更好地进行法治建设，走出一条符合时代发展要求的中国道路。此外我们要注意的是，不能把马克思主义作为一种既定的理论直接运用到实践中，而是要将马克思主义与我国社会主义核心价值观中的法治观有机结合起来，促进我国更好地发展。

参考文献

[1] 李彬：《马克思主义法治观与法治中国建设》，济南大学硕士学位论文，2015 年 6 月。

[2] 中共中央马克思恩格斯列宁斯大林著作编译局：《马克思恩格斯全集》第 13 卷，人民出版社 2006 年版，第 32 页。

[3] 喻福东、陈建军：《论马克思主义经典作家的法治思想》，载《文史博览（理论）》，2011 年第 11 期。

[4] 邓小平：《邓小平文选》第 3 卷，人民出版社 1993 年版，第 154 页。

[5] 王会军：《中国特色社会主义法治理念研究》，东北师范大学博士学位论文，2014 年 5 月。

[6] 习近平：《中共中央关于全面推进依法治国若干重大问题的决定》，载《人民日报》，2014 年 10 月 29 日。

[7]《毛泽东思想和中国特色社会主义理论体系概论》，高等教育出版社 2015 年版，第 186 页。

[8] 洪涵、陈伟：《中国特色社会主义法治的基本特征与内涵要求》，载《中共云南省委党校学报》，2016 年第 6 期。

[9] 习近平：《中共中央关于全面推进依法治国若干重大问题的决定》，人民出版社 2014 年版，第 55、51 页。

[10] 严仍昱：《习近平关于培育和践行社会主义核心价值观的大思路》，载《社会主义核心价值观研究》，2017 年第 5 期。

[11] 祁世华：《马克思主义法治思想与我国法治政府建设》，

济南大学硕士学位论文，2017 年 6 月。

[12] 姜明安：《论法治中国的全方位建设》，载《行政法学研究》，2013 年第 4 期。

[13] 李颖：《马克思恩格斯法治思想及其当代价值研究》，广西师范大学博士学位论文，2016 年 12 月。

[14] 龚柳：《习近平对马克思主义法治思想的继承与发展探析》，贵州师范大学硕士学位论文，2017 年 4 月。

[15]《中共中央关于全面推进依法治国若干重大问题的决定》，载《人民日报》，2014 年 10 月 29 日。

[16] 李红玲、刘忠孝、张子礼：《依法治国视域下法治思维的培育》，载《当代世界与社会主义（双月刊）》，2018 年第 6 期。

第十一章　马克思主义视域下的爱国价值观

习近平总书记把“爱国”作为每个中国公民最基本的价值准则加以强调，目的是让每一位公民都能在实际生活当中去践行。在当代社会背景下，我们要采取措施借助有利的途径，向外界传播爱国价值观，为人类提供正确的方向。我国倡导的爱国主义价值观和马克思主义爱国主义价值观，既承续了前人提出的一条路线，又获得了新的时代内涵。只有全面理解爱国的内涵，才能树立正确的爱国价值观。

研究马克思主义爱国价值观，有利于公民更好地理解其内涵，提高公民践行爱国价值观的积极性和自觉性，明确爱国的时代内涵，激发人们对于祖国的情感，增强人们对自己的祖国的认同感，凝聚力量。有利于激发全国人民意志，攻克难关，维护社会的和谐稳定和塑造有美德的公民。爱国本身就含有人们对国家的热爱和奉献，这会使社会减少摩擦和冲突，成为和谐发展的坚实基础。爱国价值观是公民提升道德修养的内驱动力。培养公民道德，成为一个好公民，是爱国价值观最重要的内涵，对爱国的含义有一个深刻认知，能够让新时期下的青少年主动、自觉地承担起自己应尽的责任。

一、马克思主义爱国思想的主要内容

（一）马克思主义爱国价值观的经典论述

爱国主义是贯穿马克思主义发展史的一条红线。作为马克思主义的先驱，马克思恩格斯的爱国主义是他们一生的主题。他们的爱国主义是从全人类和无产阶级的角度来讨论的。[1]

第一，国家主权的独立是重要的前提。在《莱茵报》上，马克思的几篇文章，站在德国这边发表了对沙俄政府的看法，批判了沙俄政府对德意志民族事务的指手画脚、反对革命派的镇压，他认为像德国这样的封建制度的国家，并不值得大家去热爱和忠诚，这种没有自由的国家制度，体现的是一种苍白的、无意义的爱国情感，必须先争取了民族的独立和解放后，才算得上真正的爱国。马克思、恩格斯在许多著作中谴责了西方列强对中国、印度等国家的侵略罪行，表达了对东方国家的关心，热情支持中国人民抵御侵略者的正义斗争，希望其早日摆脱压迫，实现民族的独立，从这里我们可以看出马克思、恩格斯早期的爱国思想。

第二，爱国会对祖国的山河、人民以及文化产生浓厚的情感。恩格斯于 1840 年写的《不来梅通讯》，体现了他的强烈爱国思想，饱含感情地表达了自己对祖国命运和祖国人民生活的关心。他密切关注着那些被迫离开家园流亡于其他国家的平民，他们虽然离开了自己的国家，但心里还是时时刻刻想念着自己的祖国。祖国的河山是我们生存和生活的现实基础，提供生命繁衍所需要的物质，人民的存在又为祖国增添了生机活力，本民族的文化有其特有的气息，这些都是人们与祖国之间不可断开的纽带。

第三，无产阶级的爱国主义是建立在各国无产阶级共同利益的基础上的。马克思在《共产主义宣言》中指出："工人没有祖国。"[2]这句话的意思并不是说无产阶级可以不要自己的祖国，而是要从世界各国无产阶级的共同利益出发，团结联合起来，反对资产阶级的狭隘的爱国主义，要与国际主义相结合，共同进行共产主义革命，获得自身的解放。各国的无产阶级之所以有共同的利益，原因在于资本的统治是不局限于一个国家之内的，它是具有国际性的。资产阶级不仅压榨本国的工人，同时也在对外扩张，掠夺其他国家的资源，压榨和剥削别国的无产阶级，从而获取更多的利益。无产阶级与国际主义相结合是马克思主义爱国思想的重要特征。[3]我们要团结在一起，推翻资产阶级的统治，实现彻底的解放。

列宁所坚持的国际主义是马克思主义的重要组成部分，是各国无产阶级相互支持、共同进行共产主义革命、解放自身的思想原则。列宁批评狭隘的"爱国"思想。[4]列宁的"爱国"是站在世界无产阶级的立场上的，更进一步指出无产阶级的爱国不只是一个国家的事，是具有世界性的。十月革命胜利后，列宁对实力弱小的波兰、芬兰等各个国家施以援手，帮助他国人民摆脱封建阶层的压迫和奴役的状态。

（二）中国共产党人对爱国主义理论的思考与实践

中国共产党早期领导人陈独秀认为我们不能像封建社会一样将

爱国与忠君等同起来，这是不科学的，爱国就是要为人民谋福利，这显然与古代的“忠君爱国”是不同的。李大钊认为爱国要“诚当自觉”，真诚自觉才是有意义的爱国。毛泽东同志继承了前人的爱国思想，并根据当时中国的国情，深刻分析了革命的情形，从而形成了独特的爱国思想。毛泽东同志把爱国主义思想与新民主主义革命、社会主义制度建立、国际主义联系起来，实现了中国的历史性变革。[5]邓小平同志的爱国思想继承了中华民族的优秀传统，又区别于历史上的爱国思想，在改革开放的背景下，赋予它新的内涵。他的爱国思想带有更多的开放性和包容性。改革开放以来，党中央带领广大人民遵循科学发展理念，大力发展社会主义市场经济，率领人民富起来，都是对爱国思想的丰富、发展与完善，升华了爱国主义精神。[6]

我国倡导的爱国价值观是对马克思主义爱国价值观的继承与发展，是以马克思主义爱国价值观国际化为主题、为前提的。马克思主义是迄今为止人类思想智慧的最高境界，它揭示了人类社会的本质和规律，马克思主义的一个重大意义就在于为人类确立了共产主义这一崇高的理想。中国共产党领导中国人民，把一个四分五裂、积贫积弱的旧中国，建设成为一个日益繁荣富强的中华人民共和国，这是马克思主义在当代世界最具说服力的建设性成就。中国共产党人追求的最高理想是共产主义，共产主义这一理想的出现为这两者提供了同一的可能性。

二、爱国作为马克思主义价值观的当代内涵

（一）马克思主义爱国价值观的内涵界定

爱国价值观就是对祖国、民族的巨大热爱和无限忠诚。爱国是一个国家赖以生存、繁荣发展的重要力量。祖国是我们繁衍生存的地方，出生在这里，成长也在这里，自然是会对家园、大好河山有着特殊的感情。爱祖国是人们本能的一种内心情感，与政治无关。[7]我们对国家的爱是独一无二的。斯蒂芬·纳赛松指出："对于爱国者，国家对他们而言是独一无二的。"[8]正是怀着这份忠诚，无数爱国人士在民族危难之际，敢于挺身而出，不怕牺牲，誓死保卫国家。当国家发展需要人才时，大批留学人才不计较个人得失，投身祖国建设。

爱国价值观就是对国家的政治体制、民族文化有着高度的自信。习近平总书记提出"四个自信"，代表国家主权诉求和公民集体意志的国家意识形态、政治体制和文化是在历史发展过程中形成并不断得到完善。[9]爱国首先就是要认同本国的政治体制和文化。我国的政治道路和制度是马克思学说与中国国情高度融合的结晶，代表了人民的根本利益，是国家统一、繁荣和国家强大的坚实基础。实践证明，我国的政治体制是科学的、正确的。对于文化而言，外来文明，特别是西方文明的渗透，越来越让我们意识到弘扬民族文化的重要性。中华文明是唯一的没有中断的文明，继承和弘扬我国不断形成和积累的优秀传统，才能信心百倍地开创未来的事业。

爱国价值观就是对社会责任的担当。爱国价值观最重要的内涵

是培育公民成为一名好公民。爱国是每人自觉、主动地为国家贡献出力量，公民是离不开群体生活的，是国家共同体的成员，所以我们要将个人荣辱、命运融入到国家利益中。在生活中，我们不仅要关注自我，而且要尊重、关心和善待他人。面对困难时，勇于担当，敢于挺身而出，自觉承担起社会赋予我们的职责。爱国就是要为人民服务，承担起这一份责任，爱国的情怀却并不都表现在辉煌而壮烈的行动之中。我们所要做的就是要对自己在社会上所扮演的角色有一个充分的定位，不论我们的职务、家庭背景等如何都要遵守国家的法律，承担和履行作为公民的法定责任与义务。在学校中，爱国表现在我们遵守校纪校规，热爱学习，提高自己的科学文化知识，培养自己的为人处世、做人做事的能力。在家庭中，要维护家庭的和睦，孝敬父母。在工作中，有上进心，认真负责。从生活中的小事做起，正是人们容易忽视的一些小事却能够体现出一种伟大的精神，我们要从现在做起，从细小处做起，努力学习，大胆实践，成为勇于创新的一代新人。

（二）中华传统文化中的爱国思想

爱国贯穿了整个中华民族演进的过程，深深地积淀着中华儿女对国家的热爱。它是激发中华儿女实现国家富强的不懈动力。自古以来，我国历史的各个时期不乏爱国志士，许多文献记载了关于他们的“爱国”观点。“爱国”这个概念最早就出现在《战国策》中。在文学作品《诗经》中的一些篇章就已经有爱国思想的描写了，如“修我戈矛，与子同仇”等，表达了先秦兵士参军、保卫国家的感情。[10]面对残忍的列强侵略，林则徐、左宗棠等人写下了抒发自己的豪言壮志的诗句。曾国藩曾说过，拯救国家危难的末世英雄，首先要有劳心劳力、以身报国的决心。古代的爱国思想主要表现为忠君。这是由高度分散的自然经济和高度集权的君主专制制度决定的。由于君主制的神性概念，君主被视为“天子”，天下都是君主的，天子的权力是神授的，至高无上。儒家的“尊王”“忠君”的大一统思想在众多的思想流派中始终占据中心位置，深受影响的古人以此思想为标准，严格要求遵循忠君之道，为人臣绝对服从君主。因此，在全国范围内，君主是最受尊重的。基于这样的社会结构和观念，整个国家的人都必须服从君主，具体表现为忠君报国的情怀、赤胆忠心的感情。

近代中国的爱国主要以救亡图存、民族独立为使命。1840 年列强的坚船利炮打开中国大门，从此中国开始了一段屈辱的历史。签署的一系列不平等条约，帝国主义对中国资源的疯狂掠夺，加深了我国民族危机，人们苦不堪言。同时，国家危机也激发了大家的爱国精神，众多的爱国人士一次次地抵抗侵略者，中华民族团结一致共赴国难，这种爱国精神具有强大的凝聚力，能使人们团结在一起共同抗敌。爱国主义是把众人的力量紧紧团结在一起，发挥出强大的支撑力量，为民族走向独立提供了坚实的基础，也为国家走向富强繁荣提供了实现的可能性。

（三）实现中华民族伟大复兴中国梦的目标赋予爱国新的时代内涵

新时代的爱国思想与传统一脉相承，又具有新的特色，应增添新内容、形成新观念才能焕发新生机，凝聚新力量。习近平总书记的爱国理念赋予了“爱国”更多、更新的时代内涵。

习近平总书记强调，“实现中华民族伟大复兴的中国梦，是当代中国爱国主义的鲜明主题”。[11]习近平总书记坚持从马克思主义的广阔视野分析当代社会主义现代化建设和中华民族伟大复兴的伦理道德问题，提出并创造性地阐述了马克思主义爱国价值观理论体系。立足本国，吸收国外，着眼未来。习近平总书记的爱国思想与“中国梦”联系在一起，为今后培育公民的爱国情感提供了明确的目标，引导了人们的价值观念，同时也表现了爱国主义对人们的现实价值。

国家的繁荣，民族的复兴和人民的幸福融合了对国家的追求、对国家的向往和对人民的期望，是每一个爱国的中国人民美好愿景的共同体现。必须在实现这一梦想的时候把爱国精神作为动力，在此意义上，自然而然就对当代中国爱国主义提出了新要求。事实也证明，“今天，我们比历史上任何时期都更接近、更有信心和能力实现中华民族伟大复兴的目标”。[12]

习近平总书记指出，“当代中国，爱国主义的本质就是坚持爱国和爱党、爱社会主义相统一”[13]。一方面，爱国必须要爱党。弘扬爱国主义必须把党的领导贯彻和体现到各个领域。中国共产党是中华民族走向独立和中国人民走向富强的重要引领者。鸦片战争后列强打开中国大门，中华人民长期遭受压迫，但中国人民也不断地探索出路，也曾向西方学习他们的资本主义制度，但都接连失败。中国共产党领导工人阶级和劳动人民走社会主义道路是历史的必然选择，中华人民共和国成立后，党带领人民探索和建设了适合我国国情的道路。从历史事实也可以看出，这条道路是正确的，必须坚持下去。另一方面，爱国必须爱社会主义。社会主义制度是人类社会迄今为止最先进的制度，社会主义是承载和托举爱国主义的必然领域。任何人把爱国和爱党、爱社会主义这三者的关系割裂开来，单独谈爱国，甚至是对立起来，显然是错误的。

新时期的爱国不仅仅是局限于自己的国家内，它的眼界范围已与全世界相联系。习近平总书记提出的“人类命运共同体”理念将爱国意志与人类责任担当相结合，将爱国情怀与世界眼光相结合。[14]如今世界各国联系更加紧密，同处于国际社会共同体，各国要摒弃旧思维，树立共赢的新理念，积极承担国际责任与义务，国家间加强合作，共同维护和平发展的环境，打造共同责任。今天，新时代下的爱国价值观更具世界性的情感，中国人是讲爱国的，但并不是所谓的狭隘的民族主义，我国是具有国际视野的，在对待全球性问题上，积极主动地承担自己能力范围内的国际事务，为人类做出更多贡献。

三、培育和践行马克思主义爱国价值观的意义、要求、方法

（一）培育和践行马克思主义爱国价值观的意义

1. 爱国价值观是增强中华民族凝聚力的重要力量

我国具有深厚的文化底蕴，与其他三大文明古国相比，我们的社会文明一直没有中断过。这并不是说我们国家没有面临民族危机，相反我们的文明正是在严峻的挑战中得到发展和升华。明朝嘉靖年间，倭寇滋扰我国的百姓，侵占河山，如此民族大仇造就了像戚继光、余大猷、唐顺之等优秀抗倭爱国将领奋勇抵御外敌。近代帝国主义在我国烧杀抢掠，民族危机不断加深。中华儿女没有退缩，众

多的爱国者发出来“救亡图存”的口号，共同努力奋斗面对侵略、维护国家正义，这与爱国价值观密不可分。习近平总书记指出，“爱国主义始终是团结中华民族的精神力量”。[15]我们全国各族人民要将其作为自强不息、团结一致的精神动力。爱国能触动人们的家国情怀，能凝心聚力，增强人们对自己的祖国的认同感，无论在何时，中华儿女的爱国之心始终不曾变过，汇聚在一起能形成强大的力量，让我们的民族的生命力绵延不绝，生生不息，使我们的文明源远流长。

2. 爱国价值观是振奋民族精神，汇聚起攻坚克难的重要力量

中国不断地全面推进改革，取得了许多的突破。它解决了许多长期未解决的问题和过去无法解决的重大问题。在这一过程中，爱国精神始终把中华儿女紧紧联系在一起，爱国价值观是支撑国家繁荣和民族复兴的核心[16]，同时也是推动社会主义现代化建设的重要力量，能够增强中华儿女的民族自豪感，攻克难关。邓小平同志曾经指出：“要弘扬爱国主义精神，增强民族自尊心和民族自信心。”[17]现在我们正面临历史的关口、改革的攻坚区，化解风险，攻克难题，爱国精神是我们奋力向前的重要力量。

3. 爱国主义价值观是实现社会稳定发展的坚实基础

经济富裕、政治民主、环境优美是社会稳定的必要条件，但还需要文化文明的支撑。中华传统文化历来追求安宁、平稳以及和谐，重视以和为贵。随着我国改革开放的深入进行，社会面临着大转型和越来越复杂的社会关系的改变，个人利益与社会利益可能会发生摩擦。作为个人不能只关心自己的利益，忽视集体的利益。在我国，国家是最大的集体，我们必然会受到影响。爱国价值观可以帮助个

人正确认识个人利益和社会利益，两者冲突时，会放弃或牺牲一些个人利益。对国家的热爱和奉献，会使社会减少摩擦和冲突，成为和谐发展的坚实基础。爱国价值观是公民提升道德修养的内驱动力。

4. 爱国价值观是培育公民美德的精神动力

每个公民都要遵循的价值理念便是爱国。公民的美德之一就是能够关心社会其他成员，具有服务社会的奉献精神。爱国价值观能够激发人们对其他公民的感情，关心他人的生活。培养公民道德，使其成为一个好公民，是爱国价值观最重要的内涵之一。爱国公民应当首先遵守国家法律，承担和履行公民的法律责任和义务。

（二）培育和践行马克思主义爱国价值观的要求

1. 立足中华优秀传统文化，为爱国价值观延续命脉

优秀的中国传统文化产生于中国大地，具有鲜明的中华民族的特色，象征着中国人民的智慧。自古以来，中国就有许多爱国者和爱国经典著作，他们是植根于这片土地的。“天下兴亡，匹夫负责”的爱国意识是建立在忧国忧民的历史责任感基础上的，它已成为民族精神凝聚的重要支柱。当我们培养爱国价值观时，不能抛开这些优秀的传统文化，我们要从新的历史起点出发，深入挖掘传统文化中爱国的精髓，使其富有创造性、时代性，更好地融入当代爱国主义文化。爱国价值观将深深扎根于人民的心中，其对人们价值选择进行引导，从思想上起到育化人民的重要作用。习近平总书记强调：“培育和弘扬社会主义核心价值观，必须立足于中国优秀文化。”[18]如果我们抛弃优秀传统文化，就是抛弃了中华儿女共同的精神家园，

抛弃了传统，那么我们在面对世界各国的文化冲击时，将难以站稳脚跟。同时，面对外界发展大势，要用博大宽广的胸襟，以海纳百川的姿态吸收有利的一面，用发展的眼光展开爱国教育。

2. 追求高尚的道德理想，为爱国价值观夯实基础

爱国体现了一种对祖国的使命感。这种使命源于人与社会发展的客观需要。要成为一个什么样的人，并不都是受内在因素的影响，还会受到外界环境的影响，依赖于他生长和养育他的祖国。一个人越热爱祖国，他的历史成就感就越强。自觉遵循社会对我们的要求，自觉遵守社会行为规范，追求高尚的道德理想，这为培育和践行爱国价值观打下了坚实基础。

3. 坚持知行统一，为爱国价值观提供正能量

培育和践行，密切联系着。必须重视爱国这个主题，培养公民的爱国意识。同时，认识层面的教育和培养远远不够，还需要付诸实践。我们学到的有关爱国的知识、爱国思想，不能只停留在思想层面，要把它内化于自己的思想道德体系中，更重要的要体现在自己正确的一言一行上，爱国绝不是凭借冲动、盲目的热情，向社会展现出一种不理性的行为。只有让自己的爱国行为能为国家、社会和人民带来有益的一面，才是真正的爱国。

（三）培育和践行马克思主义爱国价值观的方法

1. 坚定理想信念，树立正确的价值取向

与现实不同，理想是对自己人生未来的一个期盼和追求。我们每个人选择的人生目标不同，所从事的工作也有所不同，但我们可以从小我中走出来，与我们的国家、社会和人民的大我融合。一个

人如果没有理想，他会消极地适应社会，不思进取，过着平庸的生活。有了理想，我们才会有为之奋斗的动力。社会是一个复杂的大集体，任何个人的发展都不能与社会脱节，在选择个人理想的时候需要以社会群体的利益为前提，培养正确的价值观，在新的时代，每个中国儿女都应该对中国特色社会主义和中国的繁荣富强充满信心。

2. 学校要高度重视，加大务实的教育力度

首先，挖掘潜在的具有教育意义的素材。要合理挖掘开发我国历史上的爱国事迹。为了家国利益，无数烈士在那战火纷飞、炮火连天的年代里英勇奋战，矢志不渝。我们今天的幸福美好的生活是烈士的牺牲和斗争换来的。学习以爱国主义、忠于国家、奉献人民、敢于牺牲为主要内容的烈士精神，对凝聚中国力量共同推进社会主义核心价值观体系的建设有着重要的意义。要促使学生尊重和珍惜英雄，端正自己的态度，发扬先烈们的奉献精神，形成正确的爱国价值观。以钱学森、邓稼先为代表的老一辈的知识分子的家国情怀和奉献精神值得我们永久传承。新时代有新的使命和任务，也不乏众多的爱国人士在各自岗位上为国家做出不平凡的贡献，面对新的征程、新的使命，需要在广大的青少年中弘扬这种爱国精神。

其次，创新爱国教育的方式。学校在进行爱国教育时，要根据时代发展的要求，不断创新教育方法。改变传统的硬性灌输方式，使得爱国主义教育达到良好的效果。坚持理性教育为主，与多种方式相结合。在进行教育时，以学生为中心，从学生实际出发，理性开展爱国教育活动，不盲目地大肆宣传，没有针对性。除了理论知识的教育，也要积极开展爱国教育实践，比如，参观红色基地、纪

念馆等，学生可以亲身接触，获得自己的体会。随着科技的发展，不单单可以利用书本，还可以广泛应用日常生活中常使用的各种媒体、媒介进行爱国主义教育，也可以是学习的平台，以法律为保障，净化网络环境，加强网络的规范秩序进行爱国主义教育。只要我们合理地加以利用，扬长避短，会充分发挥它的优势，达到真正的效果。比如，近几年来拍摄的爱国题材的影视作品等，获得大家的一致好评。学校进行课堂教育规划时，可以从单纯的灌输式教育发展为与自我教育相统一，把常规教育与主题教育、专项教育相结合，形成形式多样的教育方法。

最后，营造爱国教育的氛围。学生大部分时间处在学校，这也是校园成为爱国教育宣传的重要阵地的首要原因。利用校园标语等打造一种良好的文化氛围，调动学生的思想感情。积极开展爱国主题演讲比赛和征文活动。教师的思想素质的培养也是必不可少的，让老师的一言一行感染学生心田，能以身作则，主动地承担起爱国主义教育的责任，使爱国主义教育的培养达到润物细无声的效果。

3. 结合个人发展，强化自觉的价值实践

首先，立报国之志。树立为国家服务的愿望，爱国首先需要爱国主义和为国家服务的意志。身为时代的青年，我们要将爱国精神转化为奋进的不竭动力，激励自己不断成长。我们每个中国人都应该去爱我们的祖国家园，因为我们身上都流淌着中华民族不朽的血脉，我们树立崇高的梦想、远大的抱负要与国家的利益相符合，我们自身的发展要以祖国的前途发展作保障。无论你在世界上哪个国家，要坚信背后有一个强大的祖国，不放弃不抛弃任何一位中华儿女。成为有知识有文化的有志青年，高举爱国旗帜，自觉把握正确的理想信念，立足于当下的学习生活，努力提升自己，发挥自己的特长，把爱国之情变成爱国之志。

其次，积报国之才。仅有报国志向是不够的，更重要的是要有报国之才。虽然某些尖端领域的突破已经证明了我们国家的强大，但是我国总体的科技水平还需要提高，这就要求我们能够有能力承担起时代对我们提出的新任务，努力学好本领，提高科学文化的基本素质，树立远大的人生目标，靠自己顽强的意志，坚持不懈地努力实现自己人生目标。当下所要做的就是勤奋学习，这是青少年的基础任务，也是为今后振兴中华所做的必要准备。青少年不断培养自己的创新思维和能力，能义无反顾地献出自己的力量投入祖国建设的行列中去。

最后，践报国之行。爱国，并不是口头上说说就行了，最终都要落实在具体的行动上。当我们有了爱国之心，也不断地全面地提高了自己的能力，最后要通过自己的行为表现出来。真正的爱国主义，就是要把爱国的情感实践出来，但一定要选择正确的方式来践行自己的报国之志。不能盲目、失去理性地采取偏激的行为，这非但不是爱国的表现，还会对国家的形象造成不良影响，也会让自己受到法律的制裁。只有理性、文明和守法地爱国，才会赢得支持和尊重。

爱国，既是个人对国家的深厚感情，也是国家、社会与个人价值的最大公约数，还是社会主义核心价值观的基石与关键环节。爱国是基于个人对自己祖国依赖关系的深厚感情，是每个公民应遵循的基本价值标准和道德品质。我国一直坚持的爱国主义价值取向是以马克思主义爱国价值观为导向的。因此，深入研究马克思主义爱国价值观，是我国培养爱国价值观的重要路径，有利于我们更好地践行社会主义核心价值观。我们赋予爱国新的时代内涵，在新时代的中国，爱国不仅反映了个人对国家的依赖关系，而且也体现了规范个人与祖国关系的行为规范体系。新时代爱国的内涵超越了传统爱国的自然情感与世界相连，成为新时代中国凝心聚气、改革创新的思想精神动力。爱国主义价值观的培育和实践，需要国家、社会、家庭和个人的共同协作，为国家的发展汇聚强大的力量。

参考文献

[1] 佘双好、陈君：《科学认识爱国主义的内涵和特征》，载《思想理论教育导刊》，2016 年第 10 期。

[2] 中共中央马克思恩格斯列宁斯大林著作编译局：《马克思恩格斯选集》第 1 卷，人民出版社 1995 年版，第 291 页。

[3] 李乐：《马克思主义经典作家关于爱国主义的思想探析》，载《云南行政学院学报》，2013 年第 1 期。

[4] 吴潜涛、杨峻岭：《列宁爱国主义思想探析》，载《马克思主义研究》，2010 年第 7 期。

[5] 张有武：《对社会主义核心价值观中爱国主义思想的思考》，载《中共山西省直机关党校学报》，2018 年第 5 期。

[6] 暴嘉丽：《论“爱国”作为社会主义核心价值观的哲学内涵》，北京化工大学硕士学位论文，2017 年 5 月。

[7] 李倩：《论社会主义核心价值观之爱国》，载《山东农业工程学院学报》，2017 年第 2 期。

[8] Stephen Nathanson, "Patriotism, War, and the Limits of Permissible Partiality", *The Journal of Ethics*, Vol. 13, No. 4, December 2009, pp. 404-402.

[9] 周谨平：《爱国价值观的缘起、基础、内涵与伦理意义》，载《伦理学研究》，2016 年第 5 期。

[10] 李亚利：《中华爱国主义的历史回顾与现代思考》，北京邮电大学硕士学位论文，2016 年 3 月。

[11] 习近平：《中国梦是当代中国爱国主义的鲜明主题》，载《人民日报》，2016 年 5 月 10 日。

[12] 习近平：《决胜全面建成小康社会夺取新时代中国特色社会主义伟大胜利——在中国共产党第十九次全国代表大会上的报告》，载《人民日报》，2017 年 10 月 28 日。

[13] 习近平：《习近平在纪念五四运动 100 周年大会上的重要讲话》，载《人民日报》，2019 年 5 月 1 日。

[14] 林丹：《爱国主义的精神内涵与发展变迁》，载《文化软实力》，2019 年第 1 期。

[15]《中共中央宣传部习近平谈治国理政》，外文出版社 2014 年版，第 40 页。

[16] 吴潜涛：《全面理解爱国主义的科学内涵》，载《高校理论战线》，2012 年第 10 期。

[17]《邓小平文选》第 2 卷，人民出版社 1994 年版，第 369 页。

[18]《习近平在中共中央政治局第十三次集体学习时强调：把培育和弘扬社会主义核心价值观作为凝魂聚气强基固本的基础工程》，载《人民日报》，2014 年 2 月 26 日。

第十二章　马克思主义视域下的敬业价值观

敬业价值观对个人来说是一项重要的职业理念，它是中国社会主义核心价值观的主要内容之一。[1]随着经济的快速发展，各国把增强实力当作重要的目标，而敬业精神刚好为国家之间的竞争贡献了一部分力量，在各国社会经济发展当中都扮演了非常重要的角色。“敬业”是公民在个人方面对时代潮流的延续和传承[2]，也是实现人的价值和人的全面发展的重要条件。敬业对于当今中国乃至整个世界的发展都起着重要的推动作用。所以在社会主义经济发展的今天，我们要去追求和研究敬业价值观带给我们的有利价值，从而更好地运用和发挥它的优势。

从理论意义上来看，马克思主义敬业价值观的思想来源于中华民族传统的优秀文化，它是对马克思主义价值理论和社会主义核心价值观体系的传承和发扬，对马克思主义敬业价值观进行研究，能够丰富和拓展社会主义核心价值观体系。

从实践意义上来看，对马克思主义敬业价值观思想进行研究，有助于深化公民对敬业道德原则的认识和践行，能够在全社会营造一个健康文明的新风尚，让敬业观深入每一个公民的内心，从而推动社会主义各项事业的发展。

从发展意义上来看，马克思主义敬业价值观能够把优秀的传统文化进行发扬和推广，就是在与时代共同进步，让敬业精神更好地为民所知，为民所用。

一、马克思主义敬业思想的主要内容

（一）爱业是敬业的首要前提

在社会主义核心价值观 24 字基本内容里面，倡导公民爱国、敬业、诚信和友善，其中，敬业是属于爱国的一种表现，同时也是诚信和友善的评价标准，我国从古至今都提倡人们要干好自己的本职工作，热爱自己的工作。列夫·托尔斯泰曾经说过："一个人如果没有热情，他将一事无成。"敬业就是把热爱洒进自己的工作中，对自己的工作充满热情，尽忠尽职地完成自己的工作，从心灵深处坚守和喜爱自己的职业，马克思的劳动主体性观点讲道："敬业是每个劳动主体的主观性体现。"[3] 自己热爱自己的工作，意味着同样也认可他人热爱他人的工作。也是我们常说的"干一行，爱一行"。

四川凉山消防支队之所以成为培育和践行社会主义核心价值观的光荣先进典型，最根本的原因就在于他们尽到了"敬业"这项公民的基本义务，他们的这份荣誉的特殊性在于，它不是任何英雄主义行为或者表功行为，而是全体消防官兵立足自己的本职，恪尽职守，在平凡的岗位上做出不平凡的举动。当他们选择了这一份具有高度使命感的职业时，他们把自己对消防的热爱扎根在这里，用生命的全部去执行每一次任务，把对职业的热爱都撒在了凉山森林里，当人民需要他们的时候，他们总是会及时出现，毫不犹豫，有“为民务实”的承诺，也有“以自己的热血换取往日绿色的森林”的价值追求。这份热爱是崇高的，是马克思所说的高尚的、伟大的爱，也是对敬业最好的诠释。

（二）勤业是敬业的第一要义

勤业，是古往今来人们对待事情首先应该具备的基本态度。曾国藩归结出勤五条：“一曰身勤：险远之路，身往验之；艰苦之境，身亲尝之。二曰眼勤：遇一人，必详细察看；接一文，必反复审阅。三曰手勤：易弃之物，随手收拾；易忘之事，随笔记载。四曰口勤：待同僚，则互相规劝；待下属，则再三训导。五曰心勤：精诚所至，金石为开；苦思所积，鬼神迹通。”如果以上所说的五勤你都做到了，那么你便是勤业，由勤便是敬。

青年时代的马克思、恩格斯最初受黑格尔哲学的影响，后又经过费尔巴哈哲学的洗礼，他们深入社会实践，参加社会斗争，研究欧洲工人运动，通过自己的实践与发现创立了马克思主义，这些都是勤奋和坚持的结果，没有前期的付出，怎能有今天的成就。韩愈说：“业精于勤，荒于嬉。”在时代发展的今天，所有的事情都需要自己用努力换来，谁有更多新的技能或者更多的创新想法，谁就能在一个职位上越做越好，而这些都是需要我们通过勤奋去获得的，不是一蹴而就的，同时我们也要顺应时代的潮流，用勤奋刻苦的态度做好每一件事情。

（三）精业是敬业的内在要求

精业，就是要我们在工作中做到精而细，把我们的工作尽量做到“十全十美，”这就要求我们必须具备坚实的基础与良好的心理素质。这是我们在认真完成工作的基础上所要达到的另一个目标，而这个目标是比我们基础的工作目标要更上一层楼，高一个台阶。

古人讲过，凡事情都需要进行一定的磨合和切磋，在磨合之后再细细进行琢磨，就会发现事情的与众不同和微妙之处。马克思在选择职业时，讲到我们应该遵循的主要指针是人类的幸福和我们自身的完美，我们要在提升自我的过程中追求完美，而精业是我们提升自我更好的台阶。在精业上无论对国家还是个人而言，细节都是决定成功的关键之处。成功并不是一件简单的事情，它需要你比别人付出百倍的努力，在这个努力的过程，你定会受到挫折和失败，但只要你能够细致入微，总结每次的经验和不足，这将为你的事业添上一笔华丽的色彩。泰山不让土壤，故能成其大；河海不择细流，故能就其深。[5]精益求精贵在注重细节，世上之事，难事作于易，大事作于细。敬业者必然要做到“精业”，这要求人们必须集中精力，要有缜密的思维，有精密的计划，在讲求竞争和质量的时代，必须加强学习，对工作一丝不苟。荀子在《劝学》里告诉我们不能急躁和冲动，冲动就会打乱你原本的思维，也许即将到来的成功也会功亏一篑，我们的人生很长，一定要学会控制好自己的内心，把静字装进心里，不能冲动和急躁。让精与静能够更好地结合，从而在工作中越做越好。

（四）乐业是敬业的集中体现

在敬业价值观中，乐业更能体现出敬业观的追求，乐业就是要把自己所做的事情当成一种乐趣，带着兴趣去完成你的工作会更加有效率。梁启超先生在一篇文章中里讲道："凡职业都是有趣味的，只要你肯继续做下去，趣味自然会发生。"[6]这就意味着，人们要全身心投入自己的工作，坚持做好事情，慢慢地去体会职业所散发出来的趣味与快乐。只有真正敬业的人才会真正喜欢自己的工作，学会在快乐中工作。[7]敬业利于群体的发展，敬业才能安心，才能更好地生活和学习。

对一份工作长期地热爱是源于你有积极乐观的工作态度，能让自己乐在其中，并且能够干好每一项工作，这样你的工作才有趣味，这也是我们对敬业价值观的职业态度，同时也包括对这份职业的认可、尊重以及对职业的目标和理想。这些是需要我们用心去完成的，把我们的兴趣投入到职业当中，以此与职业爱好有机地结合起来，才能保持对职业的热情，才能培育出高尚的敬业精神，才会有更多的敬业人员投入社会主义建设当中。你完全可以在实践过程中充分展现你的兴趣爱好，把爱好与你的工作充分融合，在工作中不断砥砺前行，成就自我，这样才会从工作中得到乐趣，才能在工作中实现个人的理想和价值。

二、敬业作为马克思主义价值观的当代内涵

（一）职业道德是敬业价值观的核心规范

"敬，德之聚也，能敬必有德"，敬业观是社会主义核心价值观的重要内容之一。衡量是否"敬业"，不是用一种个人尺度，也不是

用一种社会尺度，而是应该综合考量，将社会道德与个人行动相结合加以衡量。正如一句话所说："一个知识不全的人可以用道德来弥补，而一个道德不全的人却很难用知识去弥补！"从历史来看，无论哪一个时代，敬业价值观都会成为社会所倡导的核心规规范之一。

对于敬业的解释，正如朱熹所说："敬业者，专心致志以事其业也。"每一个从业人员对待每一份不同职业时要有高度的使命感和责任感，要把敬业看作职业道德的核心规范。让德育心走进每一个职业工作者的心灵，职业工作者在制度的规范下有一定的基本权利，同时也要履行一定的基本义务，让工作责任感内化于自己的心，外化于自己的行动。马克思说："人的每一种本质活动和特性，每一种生活本能都会成为一种需要。"[8]没有职业活动，人们的自身发展很难得到满足，而没有职业道德，生存都会很艰难，必须在规范和监督下，把职业道德进一步地完善和升华，使人人都能够自觉去遵守规则规范，让敬业精神真正深化于心，此时劳动就会成为个人的自我实现，人们的敬业意识才会不断提升，整个社会的职业道德才会有一个质的飞跃，这是一个从量变到质变，由低到高、逐步提升的动态的过程。所谓"修身、齐家、治国、平天下"是进一步的完善和升华，敬为修德，业为修才，以德正心，相辅相成，一个人能够做到以德敬业，就基本上可以做到德才兼修。

实践证明，在社会中更好地运用敬业，社会实践的整体水平就会高，当缺失一定的敬业精神时，社会职业道德就很难会有大幅度的提升，在社会主义现代化建设的今天，敬业本身就是社会道德的重要内容，这也是对公民最基本的要求，是个人工作上的永恒追求，会促成良好社会风气的形成。

（二）责任担当是敬业价值观的本质要求

责任担当是我国的优良传统，也是敬业价值观的要求。敬业观认为有效的途径是要求人们在劳动过程中，要有强烈的社会责任感和使命感，把责任担当始终放在自己的肩膀上，这样你才会实现自身的价值。从你开始一份职业时，就要懂得自己多了一份责任，全身心地投入工作当中，全心全意为自己的职业服务，这不仅是对自己职业的热爱和责任担当，更多的是个人价值和活力的体现。

列宁曾经说过“我们要培养一个能够把一生都献给革命的人”[9]，世界上哪有什么岁月静好，只是有人为我们负重前行，不管在何时，都要有那种能够为革命抛头颅、洒热血的激情和勇气，从根本意义上来说，这是对敬业的最高评价，从社会和人民的需要出发去选择自己所从事的工作。马克思在《青年在选择职业时的考虑》中谈道：“如果我们选择了最能为人类而工作的职业，那么，重担就不能把我们压倒，因为这是为大家作出的牺牲；那时我们所享受的就不是可怜的、有限的、自私的乐趣，我们的幸福将属于千百万人，我们的事业将悄然无声地存在下去，但是它会永远发挥作用，而面对我们的骨灰，高尚的人们将洒下热泪。”[10]作为革命者应该以大局为重，时刻准备把自己奉献给革命的队伍，这是一种高尚的态度和坚定的理想信念，更是对革命的责任担当，马克思不管是在青年还是在中年，他都没有半分的自私自利，他把自己的一切都献给了革命，也献给了自己一生热爱的劳动，更献出了自己崇高的价值追求。当国家和社会需要时，当百姓呼唤时，就要有人去勇于承担和奉献，当然对于个人而言，可能所从事的职业不是自己喜欢的，但是有一种更高的使命在召唤着你，因为你的选择将会给整个人类和社会带来更多的福祉，从社会责任出发去评价职业选择，这是我们最认同，也是最有说服力的敬业评价。

我们对职业的情感，包括对职业的责任，都是从意识和细节上来衡量的，无论何时何地，都要把责任看作一把标尺，看成是工作的底线，恪尽职守，用发自内心的责任感和使命感去完成工作，不做“差不多先生”，为自己的本职工作交上一份满意的答卷。

（三）工匠精神是敬业价值观的时代体现

精益求精是追求更强的能力，是最佳的工作状态，我们经常把精益求精和我国在近几年大力弘扬的工匠精神相联系。

工匠精神是工匠们更加高尚的信念追求，他们想通过自己的精细和努力使自己的作品更加出色，达到精妙绝伦的地步，从而创造出卓越品牌。李克强总理曾在讲话中谈到要鼓励企业培育精益求精的工匠精神，提高品牌的质量和创新，工匠精神的价值就是锲而不舍地追求完美和一丝不苟的工作态度。

工匠精神在我们社会大众生活中其实已经形成了一种文化，对于我们年轻人来说就是应该学习的敬业精神，核心就是通过对工作负责的态度，不断地去追求更高的品质。工匠精神把认真细致融入到每一个工作的环节当中，让我们在工作过程中时刻牢记工匠劳模们所作出的贡献，他们的精神值得我们学习。所以凡要成功，就必须在细节上下功夫，大力提倡和发扬工匠精神。把这种精神带入工作当中，能更有效地帮助我们。

三、培育和践行马克思主义敬业价值观的意义、要求和方式

（一）培育和践行马克思主义敬业价值观的意义

1. 培育和践行敬业价值观是弘扬中华民族传统美德的必然要求

敬业是一种民族素质，一个国家的繁荣和发展都离不开敬业这种无形力量作为支撑。我国从古至今都尊重敬业，并且大力弘扬敬业的传统美德。孔子在讲学中就提出要以讲为业，用他的敬业精神培养了三千多名学生。荀子要求做任何事情都要有价值标准和方式方法。这些都通过不同的方式和理论讲述了敬业的重要意义和价值。

敬业观的培育和践行也是我们实现“中国梦”的力量来源[13]，对于敬业价值观的研究，不仅关乎个人社会的生死存亡，更关系到整个国家的和谐统一和发展，党和国家对于敬业价值观教育高度重视。在科技迅猛、经济全球化加速发展的今天，敬业不仅仅是一种理论观念，它更多的是各国经济发展过程中不可缺少的力量，我们肩负着实现中华民族伟大复兴中国梦的重任，更加需要加强敬业价值观的培育和践行，为我们实现国家梦提供重要的动力保障。

无论是岳飞一生精忠报国，保卫江山社稷，还是诸葛亮为蜀汉政权牺牲自己，他们的一生都是为了自己的国家，为了自己一开始就坚持的使命和默默为国家奉献的敬业精神，正是因为有了敬业这种无形力量和品质，才有了昨日的辉煌。敬业作为中华民族特有的内在精神，一直薪火相传并不断发展，它的作用越来越突出，地位也越来越重要，我们不能忽视敬业扮演的角色，它会凝聚成一股无

形力量，推动和鼓舞社会经济的发展，成为社会进步的内在精神动力。

2. 培育和践行敬业价值观是推动社会政治经济发展的重要动力

在马克思看来，社会的价值与个人的价值是不可分割的[11]，要推动社会经济的发展，必须把公民的信念集中起来，要有统一的思想指引，这样才能为社会创造出更多的价值。马克思说，“人的思想是随着实践的变化而发生改变的，但真理是永远不变的”。[12]所以要在全社会去推行敬业价值观教育，让全社会的人们都动起来，把敬业的传统美德发扬光大，让敬业理论和敬业实践做到知行统一。

社会的发展需要有强大的精神支柱，促使人们在自己的实践活动中通过自己的双手来打造出更多的有利用价值的东西，通过个人的努力不断充实满足社会的需要，社会才能更好地运行起来，从而更好地推动社会的进步和发展。

社会主义核心价值观以及敬业价值观的教育在社会安全以及发展当中的作用越来越明显，必须用核心价值体系去引领时尚风潮，弘扬社会正气，培育和践行文明风尚，在全社会凝聚出团结奋斗、正心敬业的正能量，让人民幸福成为全社会的追求纽带，让敬业不断提升和推广，塑造出高尚的公民品格，一步一步向我们的梦想前进。

3. 培育和践行敬业价值观是实现人的价值和全面发展的重要条件

马斯洛需求理论的五层次，分别是生理、安全、社交、尊重和自我实现需求。当人的基本生存得到满足后，就会对物质精神有更多的需求，而敬业是每个公民生存发展所必备的职业道德，它对公民的发展和教育具有重要的意义。我们都知道，职业活动是人们社会经济生活中重要的组成部分，也是人类生存和发展的前提，在培育和践行社会主义核心价值观的今天，我们一定要精益求精、恪尽职守，以敬畏的态度来对待我们的职业。

敬业价值观不仅是一种崇高的思想观念，更是一种重要的精神力量，它在人们生活发展当中扮演着重要的角色，它是个人实现自我价值的必然要求。让更多的职业者在职业活动中通过竞争迸发出更大的工作热情，让个人在市场竞争当中能够创造出更多的价值财富，尽最大的可能发挥出自己的潜能去学习更多的工作经验和技能，从而使自我价值得到升华和体现。中国的发展在不断进行当中，而实现中国梦这一伟大目标需要全体公民的共同努力，全体公民的价值大多通过职业活动体现出来，唯有提升和加强公民的价值观教育，才能更好地提升公民的职业认知，端正他们的工作态度，调动积极性，进而在公民能力与责任意识得以提升的基础上，促进公民个人的全面发展和自身价值的充分实现。

自我充实和完善，会大大激发个人的学习与创造能力，同时也能深化对法律的理解和认识，能明辨是非，管理能力得到提高，为自身创造更多优势，促进个人的全面发展。

（二）培育和践行马克思主义敬业价值观的要求

1. 党员领导干部要发挥模范带头作用

党员干部要做好社会主义核心价值观的主力军，要在培育和践行社会主义核心价值观方面带好头，从自身做起，用自己的言行举止去感动身边的百姓，严格地去要求自己，真正成为践行核心价值观的第一人。

首先，党员领导干部为什么要发挥带头作用？党员领导干部具备良好的思想品质，是国家政权稳定、国家繁荣发展的重要保障。党员领导干部作为社会主义核心价值体系的模范社会的先进分子，他们的一言一行和工作作风影响着人民群众，就应该充分贯彻党的宗旨，时刻保持党员的先进性，“其身正，不令而行；其身不正，虽令不从”。要在人民群众心目中起到标杆作用，全心全意为人民服务。

其次，党员领导干部要发挥哪些带头作用？在工作中要坚持依法治理的观念、公平公正的原则，维护社会和谐。在生活中，个人要在社会主义核心价值观方面做出表率，继承和发扬优良传统，这是践行社会主义核心价值观的基础，党员领导干部就应讲真话做实事，遵守社会规则，弘扬家庭美德。

最后，党员领导干部要怎样发挥好带头作用？一要时刻记着自己是人民的公仆；二要摆正心态；三要对党的领导充满高度的自信，坚持传递正能量。要树立强烈的责任感和使命感，这是党员领导干部率先践行核心价值观的信念支撑。

2. 培育和践行敬业价值观要从娃娃抓起

少年兴则国家兴，少年强则国家强，未成年人是祖国的未来和希望，培育和践行社会主义核心价值观必须高度重视广大未成年人群体，从娃娃抓起，整合社会各方力量，使社会主义核心价值观体系内化于心、外化于行，使其做到知行合一。

第一，要从家庭做起，家庭是德育教育的基础，培育社会主义核心价值观要根据孩子的认知规律和成长特点认真引导、积极践行。

父母要从自身做起，做好示范引领，倡导爱国、敬业、诚信、友善的价值观。第二，要从学校做起，做到知行合一。青年是祖国的未来、民族的希望，习近平总书记讲过，“广大青年是追梦者，也是圆梦人”。教育学生应该从小就树立敬业的观念，让核心价值体系在心中生根发芽。第三，要从社会做起，社会实践是敬业文明养成的重要舞台。广泛开展社会主义核心价值观教育实践活动，提高感知认知能力，营造健康成长的社会文化氛围，弘扬正能量。

3. 在全社会弘扬马克思主义敬业精神

随着社会主义市场经济的深入和发展，敬业价值观作为公民职业道德的核心在社会发展中的地位和作用越来越重要，所以在全社会弘扬马克思主义敬业精神，对公民进行深一步的价值观教育以及在群众当中培育和践行价值观也是越来越重要，只有人民群众强大，国家才会强大。自觉践行敬业价值观，深入理解敬业价值观精髓，中国的特色社会主义发展才会不断前进。

敬业价值观是中国优秀文化中的传统美德，回忆中国上下五千年的发展历程，正是有了敬业这种无形的力量支撑，才会有了昨日今日的种种辉煌，因此，在社会经济发展的今天，我们就更需要大力去培育和践行公民的敬业精神，激发千万公民的积极性和创造性，面对我们要实现的中国梦，面对我们要全面深化的改革，尤其要在全公民当中去弘扬和加强敬业观教育[13]，开发公民潜能，让其有主动去追求个人价值的力量和勇气。国家的发展需要每一个人的努力，在公民中开展敬业观教育，创造出相互尊重、相互理解和相互竞争的良好社会氛围，让敬业渗透到每一个实践学习活动中去，更好地推动社会主义建设事业的发展。

（三）培育和践行马克思主义敬业价值观的方式

1. 加强敬业价值观的宣传教育

培育和践行敬业价值观是一个漫长的过程，要在实践过程中积极探索，我们在宣传过程中的方法和途径要更加接近群众，更加具有针对性。

文化对人具有潜移默化的作用，为了能够更好地去践行敬业价值观，就必须从基层做起，让敬业精神深化于心，让人们切切实实明白并且感受到敬业带给我们的有利价值，以及敬业在社会实践中的重要作用。我们需要深入开展敬业精神学习教育，把敬业价值理念树立为公民的基本价值取向，并且形成主流体系。社会主义核心价值观可以凝聚人心，有利于人们达成共识，自觉遵守法律规范，形成良好的社会风尚，我们可以大量运用报纸等宣传方式，通过各具特色的文艺作品来宣传核心价值观，让敬业精神更好地深入民心，推动社会和谐发展。

2. 建立和完善弘扬敬业精神的体制机制

如果只依靠培育和践行敬业价值观内在精神的建立，而忽视了外在的机制规范，是无法将敬业观真真正正植根于民心的，只有把这两者真正地统一起来，敬业观的教育才能有机制的保障，才能更好地运行和发挥。

我们需要建立和完善弘扬敬业精神的体制机制，机制的设立，为践行敬业价值观的主体明确了具体的原则和标准，告诉人们什么该做与什么不该做。机制的建立完善，一是要有科学性，要坚持为人民服务的思想，让完善的各项行为与社会主义市场经济体制相符合；二是要体现时代性，要以中国目前发展的各项要求来完成，以实践为标准，让规范成为全社会共同遵守的价值标准。我们要把落后、陈旧的观念铲除，制定新的合理的规范，在正确的价值观引领下，建立完善合理的体制机制，这对敬业观的践行起着至关重要的指导作用。

3. 把敬业价值观的培育和践行拉入法制建设轨道

在建设社会主义市场经济、培育和践行敬业价值观的过程中，我们要以法制化的形式去监督和规范，把敬业观的实行拉入法制建设的轨道，减少人情掺杂的色彩，从源头上切除越轨的行为，用法制来约束不敬业的行为，让所有的价值行为都能打开天窗露出真面目。

法制的保障更有利于宣示敬业精神的严格力度，使社会成员规范自己的工作行为，减少盲目性，同时我们的法制规范建设应该注重平民化，需要保持适当的界限，充分考虑主体的抗压能力，以社会上大多数人的承受能力为标准，不能过低也不可过高，能真正使各项规范转化为具体操作的行为，从而更好地为人民服务。[14]

在社会主义现代化建设发展的今天，敬业价值观所扮演的角色越来越重要，敬业精神作为一种无形的力量影响着一个国家、一个民族的繁荣和发展，它是我们实现“中国梦”的重要动力来源。我们唯有加强培育马克思主义敬业价值观教育，提升人们的敬业精神素养，才能更好地让我们的个人价值得到最大地发挥，才能让我们的国家更加昌盛。

培育和践行敬业精神，在社会发展中具有十分重要的意义，它不仅对于我们个人的学习生活以及生产发展有影响，而且对于社会经济、政治、文化等建设的渗透力越来越大，敬业精神已经成为我们生活学习的必需品，所以我们有义务去主动接受它，并且加强学习教育。通过日积月累的学习，让敬业精神深入每一个公民的内心，促使公民不断去创新和发展，在良好的社会氛围中创造出舒适的交往方式，带着热爱和兴趣，在快乐中做到正心敬业，在敬业中做到知行合一。

参考文献

［1］王磊：《敬业价值观的马克思主义理论意蕴与当代弘扬》，载《理论参考》，2016 年第 2 期。

［2］葛玲：《习近平关于社会主义核心价值观的思想研究》，载《理论参考》，2016 年第 4 期。

［3］中共中央马克思恩格斯列宁斯大林著作编译局：《马克思恩格斯选集》第 2 卷，人民出版社 1995 年版，第 326 页。

［4］吴小林：《唐宋八大家文品读辞典》，新世界出版社 1981 年版，第 98—100 页。

［5］李斯：《谏逐客书》，华东师范大学出版社 2001 年版，第 24 页。

［6］梁启超：《饮冰室合集》，北京大学出版社 2004 年版，第 158—165 页。

［7］刘晓燕、张圣华：《有业、敬业、乐业的专家们》，载《中国才人》，2009 年第 13 期。

［8］中共中央马克思恩格斯列宁斯大林著作编译局：《马克思

恩格斯全集》第3卷，人民出版社1960年版，第213—215页。

[9]《列宁选集》第3卷，人民出版社1957年版，第209页。

[10] 中共中央马克思恩格斯列宁斯大林著作编译局：《马克思恩格斯全集》第40卷，人民出版社1982年版，第1—2页。

[11] 于建伟：《倡导敬业价值观，为实现中国梦凝聚正能量》，载《长春日报》，2014年6月12日。

[12] 中共中央马克思恩格斯列宁斯大林著作编译局：《马克思恩格斯选集》第1卷，人民出版社1995年版，第42—56页。

[13] 中共中央马克思恩格斯列宁斯大林著作编译局：《马克思恩格斯选集》第4卷，人民出版社1995年版，第237页。

[14] 樊婧：《当代中国公民的敬业观教育研究》，湖南师范大学硕士学位论文，2015年5月。

第十三章　马克思主义视域下的诚信价值观

一直以来，诚信都是我们中华民族的传统美德，我国现代社会的发展离不开诚信。在我国建设社会主义核心价值体系的过程中，诚信作为其中的基石，发挥着必不可少的重要作用。无论是古代社会还是现代社会，失信现象其实都是一直存在着的，失信现象的存在，它会伤害到人们在日常交往中的互相信任，从而不利于我国和谐社会的建立。从经济方面来说，失信现象也会使我国的经济健康发展受到挑战。我国是社会主义国家，因此在诚信建设的过程中，必须以马克思主义诚信观作为指导。

一、马克思主义诚信思想的主要内容

（一）马克思主义经济诚信思想

马克思在唯物史观中强调，人类发展的最重要的因素就是经济基础，经济基础决定上层建筑。因此，在马克思对于诚信观的研究的平均化、促进资本集中的“新生力量”等。另一方面，马克思认为信用也有可能成为替代资本主义生产方式的新生事物。这是因为一些人肯定会为了个人利益，而利用人们之间的信用做出一些投机倒把的事，那么欺诈现象就会增加，另外，信用也会导致社会资源浪费，会使资本主义出现经济危机等。

（二）马克思主义政治诚信思想

经济诚信是基础，政治诚信是核心。[2]马克思关于政治诚信的思想，主要讲了什么才是真正的共产主义，作为一个共产主义者应该具有什么样的诚信道德。资本主义是一定会灭亡的，而共产主义事业的建设离不开无产阶级政党的领导。马克思主义政治诚信思想主要体现在以下三方面：

1. 对于共产主义坚定不移的信仰

共产主义信仰是一种科学的信仰。它不是宗教信仰。它揭示了共产主义一定会胜利，而资本主义也一定会走向灭亡。正是因为这样的历史规律，无产阶级更要坚持共产主义信仰，从而取得革命的成功。

2. 对无产阶级建设事业的忠诚拥护

马克思强调，共产党人必须牢记一句话：“工人阶级的解放”[3]。工人阶级得到了解放，也就意味着全人类都得到了解放。无产阶级解放事业符合社会历史发展的客观规律和广大人民群众的根本利益。因此，共产党人和共产主义信仰者要忠诚拥护无产阶级建设事业。为无产阶级解放事业英勇献身的人是永载史册的。“历史将给他们以特殊地位，把他们看作是无产阶级第一次决战的牺牲者。”[4]这句话中，经济诚信思想也是最基础的，这一基础决定了其他诚信思想应该是怎样的思想。马克思在《资本论》中详细地论述了关于经济诚信的内容，主要有以下两点：

1. 经济信用

经济信用是马克思更加侧重的一种信用思想，因此马克思对经济信用的研究更加深刻。马克思认为，信用“这个运动以偿还条件的付出，一般地说就是贷和借的运动，即货币或商品的只是条件的让渡的这种独特形式的运动”[1]。从这句话中我们可以看信用存在的基础离不开一定的经济物质基础，这也就肯定了经济用对于信用存在的重要性。

2. 信用的起源、本质和双重性

对于信用的起源，马克思认为，当商品经济发展到一定阶段信用必然会产生。随着赊账买卖的发展，货币出现了一种新的职那就是它的支付手段。货币的支付手段使社会上的经济发展更速与便捷，因此人们都能够接受以货币作为支付手段来进行与之间的交易。这也就为信用的产生奠定了不可或缺的基础。“信度，按照它自身的性质来说是不能够离开支付手段这一基础的从这句话我们可以看出，信用的产生也是一定不能脱离支付手一基础的。对于信用的本质，马克思认为它是以到期偿还一定为条件的，是一种借贷行为。那么想要实现这一种借贷行为，是需要物质基础作为保障的，同时，作为借者和贷者来说，二定是相互信任的。信用是一把双刃剑，因此马克思对于信用也从两方面进行了分析。一方面，因为信用产生于货币的支付因此也可以使货币的流通更加方便与快速，信用还可以促进来自马克思，是马克思对在革命中英勇牺牲了的革命战士的高度评价。

3. 对党、祖国和人民的信任

无产阶级政党是随着历史的实践发展而发展的。马克思曾说过，无产阶级是革命的、先进的阶级，他们的最终目的是推翻资产阶级，消灭资本主义的私人制度。无产阶级为实现共产主义与全人类解放，不畏牺牲，最终的目的就是消灭资本主义私有制。而无产阶级解放事业想要成功，就要坚持无产阶级政党的领导。所以马克思主义者要忠诚于党，坚持和维护党的领导。另外，人非圣贤，孰能无过，无产阶级也会有犯错的时候，而对于他们的错误，我们一定要以辩证的方法去正确地评价，不能因为他们是无产阶级就原谅所有的过错，但是我们也不能一味地指责，一定要用辩证的理性分析。人民群众创造了历史，社会的变革和向前发展更是离不开广大人民，因此无产阶级一定要坚持走群众路线，为人民服务，对人民绝对信任。

（三）马克思主义文化诚信思想

经济诚信是基础，政治诚信是核心，文化诚信则是灵魂。人类的社会结构包括了经济、政治、文化三个层面。关于文化诚信，主要指的就是文化在交往过程中的诚信。马克思主义文化诚信的内容，主要体现在：

1. 理论宣传工作

一方面，马克思强调，理论倡导者应该有言论自由；另一方面，他认为，政府和理论宣传人员必须向民众传达真实的信息。[5]在马克思看来，资产阶级在理论宣传的工作上，一直都是虚伪的，他们总是将自身的优点放大了给人们看，却从来不提及资本主义的弊端。对于指出他们弊端的一些人，他们也是想尽各种办法想让其闭嘴，这样一来，人们就没有了言论自由。因此，想要人人言论自由，揭开资本主义丑陋的面目，就一定要建立无产阶级政权。只有这样，才能让主流媒体和观点都能够由无产阶级来主导，让每一个理论宣传人员都能全心全意地为人民和政府服务，以实现宣传工作理论的真正意义。与此同时，马克思还强调，理论倡导者必须有深厚的理论基础、丰富的实践经验和良好的诚信，才能控制言论的方向，并为社会做出贡献。

2. 科学事业领域

在科学事业领域，马克思的诚信观念体现在三方面：第一方面是对真理的绝对坚持。众所周知，是马克思创造了辩证唯物主义，而与之相对立的就是唯心主义。实际上马克思最初也是相信唯心主义的，只是在后来的实践中他发现唯心主义似乎不能够解释他想要知道的一些事物发展的规律，因此他才开始批判唯心主义哲学，进而创造了辩证唯物主义哲学。从唯心主义到唯物主义，说明了马克思在追求真理的路上是绝对坚持的。第二方面是保持严谨的学术态度。马克思本着一丝不苟、严谨认真的态度进行理论创作，他的目的不是谋取私利，而是探究和分享科学。在谈及《资本论》的稿酬时，马克思淡然回答道："《资本论》在德国工人阶级广大范围内迅速得到理解，是对我的劳动的最好的报酬。"从这一句话我们就可以看出马克思对于学术研究，是不掺杂一丝一毫的利益因素的。在理论研究和撰写的过程中，马克思为了保证每一句话的真实，就算再困难也会找到原著或者权威人士进行确认。严谨的学术态度，是马克思理论科学性的保证。第三方面是愿意为了科学事业献身的伟大精神。马克思的这一生，是不断为全人类解放奋斗的一生。他不仅仅有很多的影响深远的理论研究成果，还参加了革命实践，并且为各个国家的共产主义者提供理论指导。马克思在为实现全人类解放、为共产主义事业奋斗的过程中，是无比忠诚的，更具有勇于牺牲的精神。

3. 诚信教育观

马克思从各方面对资本主义进行了批判，其中也包括教育观。而在批判的过程中，马克思也阐述了他的诚信教育观。在马克思看来，每个人在出生时候的资质几乎是没有差别的，只是因为在成长的过程中环境的不同、所接受教育的不同，以及在社会上的实践不同，人与人之间才出现了更大的差别。马克思认为天赋决定论可以说是无稽之谈，而资产阶级之所以强调人的天赋，只是因为想要以这个作为他们剥削人民的借口。对于资产阶级的“免费教育”，马克思认为是极其虚伪的。资产阶级努力把资本主义思想灌输给每一个人民，使他们成为廉价的劳动力，目的就是获取更大的利润。因此，马克思强烈谴责资产阶级政府干预教育的行为，指出学校教育要自由发展。对于环境与教育者的关系，马克思认为人和环境的作用是相互的：其一，环境会影响人的发展，但是这种影响并不是决定性的，反过来人甚至可以利用环境促进自身的发展。其二，人也可以创造环境，人们可以通过实践，将内在的力量作用于外部环境，使其发生改变。这一观点实际上说明了在教育的过程中，实践是必不可少的环节。教育是一个双边活动，只有在教育者和受教育者都存在的基础上才能够构成教育活动，二者缺一不可。因此在教育活动的过程中，教育者和受教育者要尊重、信任、诚恳地对待对方，要多加沟通和互动，才能使双方共同进步与提高。

二、诚信作为马克思主义价值观的当代内涵

在现代，人们使用诚信这个字时，都是把它们放在一起来作为一个词使用。而在古代，诚信二字是分开来用的。其实诚信二字本来就是两个字，且是相互辩证统一的关系。诚信作为马克思主义价值观的一部分，在中国化的过程中，既汲取了中国传统美德中的诚信思想，又被赋予了时代的内涵。

（一）诚信的基本内涵

诚信是由“诚”与“信”两个字组成的，其中，“诚”是表里如一、真实诚恳的意思；“信”是信任与守信的意思。在古代的社会背景之下，“诚”“信”就是分开来用的两个字，“诚”和“信”一个主要指天道，一个主要指人道，但是词义上，这两个字几乎是没有什么差别的。诚信就是指人要真实守信。东汉许慎在《说文解字》中提到，“诚就是信，信就是诚”。这说明在古代，人们就发现并指出了诚信二字的共通之处。而在现代意义上，我们可以从个人、社会和国家三个层面对诚信的内涵进行理解。

（二）诚信的当代内涵

马克思主义诚信观是社会主义核心价值观中诚信的来源，而针对现实的情况，社会主义核心价值观中的诚信的内涵有了进一步的发展。随着时代内容的变化，“诚信”的内容必然也要增加新的内

涵。在当今时代的条件下，“诚信”可以从个人、社会和国家三个方面进行剖析。

1. 诚信是人们应该遵循的道德准则

在个人方面，“诚信”是人们应该遵循的道德准则。从 2001 年《公民道德建设实施纲要》提出“明礼诚信”是公民的基本道德规范到党的十八大中诚信成为社会主义核心价值观，再有个人征信体系的不断强化与完善，一系列决议报告和法律法规，都说明了诚信建设变得越来越重要。因此，诚信建设需要我们每个人都能够从自身做起，深刻理解诚信这一准则的精神实质，并且在日常交往中做到表里如一，真诚守信，严格遵守诚信这一道德准则。

2. 诚信是党和政府必须坚持的原则

对于国家而言，“诚信”是党和政府必须坚持的原则。诚信应该而且必须是国家对内处理一切事务的指导原则。我国是社会主义国家，一直以来我党都严格遵循全心全意为人民服务的根本宗旨，以人为本，从人民的根本利益出发。而这一切，正是为了使我国能够实现人民民主专政，使人民和我国的综合实力都能够得到发展。那么如果想要构建社会主义现代化强国，我国一定要做到一切从实际出发。现如今，我国所施行的一系列政策方针，都更加保护我国人民的根本利益，我党和各级政府人员也更加注重与人民之间的约定。党和国家层面的诚信，使人民的生活水平不断提高，这样的诚信于人民和社会更是意义重大的。诚信价值观在国家层面的践行，提高了我党和政府的威信力，而诚信是相互的，因此，人民也更加地信任我党和政府。这对于我国维护社会稳定、促进国家繁荣昌盛具有重要作用。

3. 诚信是人们交往过程中的准则

在社会方面，“诚信”是人们交往过程中的准则。当代社会中，不同的人都会有不同的三观。实际上每个人在人际交往的过程中，都会考虑自身的利益，会从个人利益的角度出发，去选择符合需要的交往。在这种情况下，往往就会出现个别人为了自身的利益而做出一些损害他人利益的行为，这就出现了失信行为。这需要一种道德准则来对人们的行为进行约束，从根源上去避免失信行为的产生，因此，诚信便成了人们在交往过程中的道德准则。诚信扎根于复杂的社会关系中，发挥着道德准则的重要作用。它对于建立良好的人际关系与和谐的社会环境具有重要的作用。

另外，我国发展的是社会主义市场经济，在这样的经济条件下倡导诚信，有助于社会市场经济的发展。当然，这里所讲的诚信就不仅仅是一种道德准则了，它更是关乎国家制度和文化层面的内容。只有以法律的方式来约束人们的行为，才能够使诚信在社会主义市场经济中更好地发挥其作用。

三、培育和践行马克思主义诚信价值观的意义、要求和方式

（一）培育和践行马克思主义诚信价值观的意义

1. 有助于发扬中华民族的优良传统

诚实守信是中华民族五千年以来的优良传统。在儒家思想中，就提倡“言而有信”，“言不必信，行不必果，唯义所在”，孔子曰：“终身为善，一言败之，可不慎乎。”这就说明在我国古代，就已经

构建出以诚信为主要内容的道德体系。而就内涵来讲，马克思主义诚信观与我国传统文化中的诚信是具有一致性的。无论是在中华民族悠久的历史长河中，还是我们日常生活的体验中，都可以感受到诚信观所带来的价值。因此，诚实守信作为一个马克思主义者必须遵守的道德准则，它的培育和践行有助于发扬中华民族的优良传统。

2. 有助于建设社会主义市场经济

市场经济与信用经济的关系是你中有我，我中有你的，因为信用就是市场经济健康发展的基石。[6]在现阶段，我国社会主义经济仍属于市场经济。想要健康运营市场经济，就需要诚信的保障。同时，市场经济如果想要健康地生存和向前发展，就离不开诚信这个重要的基础。在经济全球化不断加速的今天，诚实守信也是衡量一个国家的投资环境的重要因素之一，有时候甚至会决定这个国家的竞争力。在社会主义市场经济的条件下，对于社会来说，诚信可以保证社会秩序的良好运行；对于企业来说，诚信是一个企业立业的根本，它可以使一个创业者成功创业，也可以使一个企业良好发展；对于个人来说，我们只有做到诚实守信，才能够在社会上更好立足，才能够实现我们的自身价值，从而为整个社会献出自己的一份力。总而言之，不论是从社会、企业，还是个人角度来讲，只有做到诚实守信，才能够更好地存在和发展，从而促进社会主义市场经济的发展。

3. 有助于巩固党的执政地位

中国共产党从成立至今，之所以会取得伟大的成就，一个重要的原因就是我党一直以来对于广大人民群众都是忠诚的。因此，诚信也是我党在历史发展的过程中能够巩固执政地位的一个重要的保证。中国是社会主义国家，由人民群众当家做主，而正是因为取得了人民的信任，中国共产党才能够巩固执政地位。诚信，让我党得到了人民的信任与支持，巩固了自身的执政地位，从而推进社会主义事业的繁荣发展。

4. 有助于学校培养合格人才

学校可以为我国社会主义建设培育优秀人才。在新的时代背景之下，社会对于人才的要求不再只是注重于智力因素，更是要求人才能够具有良好的思想道德品质。一个学生，不管他的能力有多么出众，如果不具备诚信做人做事的品质，那么他都不能算是优秀的人才。因此，作为一名学生，如果想要为社会主义事业的建设贡献自己的一份力，首先就要从内在品质的培养做起，要坚守诚实守信的良好品德。

（二）培育和践行马克思主义诚信价值观的要求

1. 坚持主流意识形态

意识形态工作一直以来都受到我党的重视。而意识形态之所以会被如此重视，是因为在社会的发展中，它起着极其重要的作用。[7]意识形态工作如果没有做到位，社会的安全稳定就会受到挑战。就从我国来说，如果我们国家的意识形态受到了破坏，就会出现一些非马克思主义思想危及社会和谐稳定。针对新时期复杂的国际国内形势对主流意识形态安全造成的影响，习近平总书记发表了一系列重要讲话，并且多次强调“意识形态工作是党的一项极端重要的工作”[8]。因此，党和历届政府都非常重视社会主义意识形态建设。党的十七大报告提出：“社会主义核心价值体系是社会主义意识形态的本质体现。”这一论述是对我国主流意识形态的再一次确认。党的十八大报告中再一次强调，社会主义核心价值体系是振兴国家的灵魂，而诚信作为社会主义核心价值的基石，在意识形态领域的地位与作用也就不言而喻。总的来说，我国在诚信建设的过程中，一定要牢牢把握住当前的主流意识形态，从而更好地进行诚信建设。

2. 注意人们诚信心理结构的变化

毋庸置疑，诚信是我们做人的道德准则，因此在培养和践行诚信观的过程中，首先要立足于人这一基础之上。马克思说过：“人民自觉或不自觉地，归根结底总是从他阶级地位所依据的实际关系中——从他们进行生产和交换的实际关系中，获得自己的伦理观念。”[9]因此，在当代社会这个复杂的背景之下，人们的诚信价值观也会出现各种各样的倾向。所以，在培育和践行马克思主义诚信价值观的过程中，一定要注意人们诚信心理结构的变化。具体来看，应当注意以下几点；首先，在社会诚信建设的过程中要培养普遍的信任关系，使人们能够脱离熟人信任这一羁绊，在与人交往的过程中诚实守信，言行一致。其次，在培育和践行马克思主义诚信价值观的过程中，一定要使人们相信我国的制度体系是可以保障人民的利益的。并且要加强人民的法律意识，使人民能够更好地信法和用法，这样一来，人们就会在生活中更好地约束自己和他人的失信行为，也能够用法律来促进自己诚信观念和诚信行为的形成。最后，诚信中国的建设除了需要法律的保障以外，还需要人们能够自觉地遵守诚信原则，也就是能够使诚信成为日常生活活动的行为准则。只有使人们能够深刻地理解和把握诚信价值观，在日常行为中做到诚信待人待己，并且将法律法规对人们的约束和人们所要遵循的道德准则结合起来，才能更好地促进诚信中国的建设。

3. 体现民族特色

诚实守信一直以来都是我国优秀的传统美德，它可以通过不同的方式，潜移默化地影响每个人的三观，使人们能够更好地认识和改造整个世界。中华民族的诚信这一传统美德自身所具有的特点和强大的感召力，能够为我国在建设诚信社会的过程中提供数不胜数的教育人们要诚信的素材。因此，我国在培育和践行马克思主义诚信观的过程中，也要传承和发展中华民族几千年以来诚信的传统美德，诚实守信更是我们的民族精神，这就要求我们在建设诚信中国的过程中，要体现出属于我们这个民族的特色。

（三）培育和践行马克思主义诚信价值观的方式

现如今，我国的诚信建设已经取得了一定的成果，但我国在诚信建设的这条路上还是任重而道远的。减少社会上失信现象的产生和失信行为带来的危害，我们可以通过以下方式：

1. 开展诚信教育

开展诚信教育，可以从家庭、学校和社会三方面入手。[10]家庭中，父母是孩子一生的榜样，父母的一举一动都会在无意间影响孩子观念的形成和改变。所以父母应该利用好生活中的细节对孩子进行诚信教育，对于孩子在生活中的一些不诚信的行为，一定要加以扼制和教导。学校中可以定期地进行一些关于诚信的专题教育，也可以将诚信教育与其他学科相结合，还可以从学风学纪方面抓起，将诚信立为学生所要遵循的校纪校规，潜移默化地影响学生的诚信观念。对于一些不遵守诚信的学生，老师们一定要及时地进行批评教育，使学生能够认识到不诚实守信所带来的严重后果。社会上要营造良好的诚信氛围，各级领导也要从自身做起，使人民群众能够感受到诚信所带来的益处，从而使人们能够自觉地守诚信。通过这三方的合力，可以提高全体人民的诚信意识，增强人民群众对于诚信价值观的认同感。

2. 完善个人征信体系

完善个人征信体系，是社会信用体系建设必不可少的一环。这一体系得到完善，对于人们提高诚信意识具有促进作用。如果人民的诚信意识得到了提高，我国的社会信用环境也就会得到改善。随着网络的发展，个人征信系统可以说已经与我们的生活息息相关。这样的紧密联系下，一些“老赖”也就会因为自身的不诚信行为而受到了应有的惩罚。如一些人因为被纳入征信黑名单，买不了火车飞机票。在这样的情况下，失信本人肯定也就更深刻地意识到自己的行为不端，从而进行补救和改正。能够对失信者进行准确而有效的打击，离不开个人征信体系发挥的作用。这一诚信体系的建立为褒扬诚信和惩戒失信创造了条件。因此，完善个人征信体系，强化制度建设，可以达到对企业以及个人的警示与规范作用。

3. 建立诚信监督体系

如果监督不到位，对于失信行为的惩罚力度较轻，一些人就会抱有侥幸心理，做出一些失信于人的事，从而使社会中产生大量的失信现象。要解决这样的问题，就要加强对于诚信的监督。加强社会诚信监督，首先肯定需要每个人的积极参与，所以要保证每一个人都拥有广泛的参与权；其次政府方面也要发挥好监督作用。通过政府的作用，可以使个人和企业受到更加全面的监督。[11]除此之外，政府也要以身作则，引领人民建设诚信社会；最后新闻媒体也起着舆论监督的作用。新闻媒体是一个广泛的平台，社会上的各种失信行为都可以通过媒体使其暴露在广大人民的视线范围之内，这时媒体就起到了一个舆论监督的作用，这一监督作用有助于我国社会诚信的建设。除此之外，还要对社会上的一些失信行为进行严厉的惩治，使其付出惨痛的代价，所谓“吃一堑、长一智”，相信在受到严厉的惩治以后，失信者们会得到教训，从而做一个诚实守信的好公民。

迄今为止，马克思主义诚信价值观已经有一百多年的历史了。时代是在不断地向前发展的，人类社会的实践也是在不断地向前发展的，但是马克思主义的诚信思想并没有因为时代和实践的发展而过时，反而是在随着时间的推进而不断地被继承、被发展。马克思主义诚信价值观在我国的发展主要得益于我国的各届领导人和政府，是他们将马克思主义诚信思想与我国的实践相结合，才能够进一步推动马克思主义诚信价值观的中国化进程。而马克思主义诚信价值观在发展的过程中，随着时代的变化，也被赋予了新的时代内涵，这一时代内涵又可以从个人、国家、社会三方面来进行剖析。马克思主义诚信价值观就能够为我们解决社会上的失信行为提供理论基础。我国的社会诚信建设离不开马克思主义诚信价值观的理论指导，但是在诚信建设的过程中，也要注意培育和践行诚信的要求与路径，从而进一步推进我国社会诚信的建设。

参考文献

[1] 马克思：《资本论》第 3 卷，人民出版社 1975 年版，第 390—687 页。

[2] 张鑫：《社会主义核心价值观中“诚信”问题研究》，东北师范大学硕士学位论文，2016 年 5 月。

[3]《马克思恩格斯全集》第 5 卷，人民出版社 1972 年版，第 152 页。

[4]《马克思恩格斯全集》第 6 卷，人民出版社 1972 年版，第 619 页。

[5] 赵宁：《马克思主义诚信观及其对当代大学生诚信建设的启示》，广西师范学院硕士学位论文，2017 年 6 月。

[6] 滕静：《当代大学生诚信教育问题研究》，山西财经大学硕士学位论文，2013 年 3 月。

[7] 丁海涛：《中国特色社会主义诚信建设研究》，陕西师范大学博士学位论文，2017 年 5 月。

[8] 习近平：《胸怀大局 把握大势 着眼大事 努力把宣传思想工作做得更好》，载《人民日报》，2011 年 08 月 21 日。

[9] 中共中央马克思恩格斯列宁斯大林著作编译局：《马克思恩格斯选集》第 2 卷，人民出版社 1955 年版，第 434 页。

[10] 张有武：《社会主义诚信价值观及其培育路径》，载《内蒙古师范大学学报（哲学社会科学版）》，2015 年第 9 期。

[11] 王淑芹：《培育和践行社会主义诚信价值观》，载《伦理学研究》，2015 年第 5 期。

第十四章　马克思主义视域下的友善价值观

中华文明博大精深、源远流长，从古代开始，我们就一直在强调处理好人与人、人与自然、人与社会的关系。而在整个市场经济一直发展的今天，依然很有必要提出友善价值观。友善价值观自身是作为核心价值观的一个部分而存在的，核心价值观是一个国家的重要稳定器，关系社会和谐稳定，关系国家长治久安，它是一个民族赖以维系的精神纽带，是一个国家共同的思想道德基础。[1]在核心价值观的24个字里，我们可以看到友善是最基础的价值观之一，掌握马克思主义友善价值观，对于提高对友善的认识和认同具有重要意义。

一、马克思主义友善思想的主要内容

（一）主张从现实的人出发

马克思指出："人就是人，而人同世界的关系是一种人的关系，那么你只能用爱来交换爱，只能用信任来交换信任。"[2]友善来自我们的实际生活，来自人与人交往之间的利益需求。正因为现实中的人有相互需求，自身生活需要的大多数物质都来自现实中的其他人，每个人都不是孤立存在的。在市场经济条件下，个人只能生产自己所需要的一部分，而更多的部分是需要和他人进行相互交换才能得到。在这种相互交换的条件下，社会中的人与人之间结成了某种友善的关系。一旦确定了这种联系，每个人都无法回避，其将作为实际生活中的一个组成部分。由此可见，马克思主义的友善观是从现实的人和个人的利益出发来探讨研究的。

（二）主张有阶级性的友善理念

费尔巴哈曾经提出友善论："爱随时随地都是一个创造奇迹的神，可以帮助克服实际生活中的一切困难，并号召大家彼此相爱，不分性别、不分等级地互相拥抱吧！"这样一种友善的价值理念表明我们可以在任何地方、任何人身上体现出爱，但实际上是不恰当的。在现今的社会中，人们要实现平等的友善，是具有一定的前提的，这种前提就是人们只有在生产和交换相等的前提下，才有可能获得相对平等的友善，友善观念是有一定的阶级性的。关于友善，毛泽东同志也指出："世上决没有无缘无故的爱，也没有无缘无故的恨……真正的人类之爱会有的，那是在全世界消灭了阶级之后。"[3]也就是说，在整个革命历史时期，我们务必分清楚敌人和友人，明确把握各个对象，对待自己的同志要做到友善，掌握方向，划清界限。只有抵达共产主义社会，才会有真正意义上的平等的友善。

（三）主张实现人的自由全面的发展

使得人自由而又全面发展的理念，马克思在很早的时候就有这样的想法。而“只有在共产主义社会里，人和人的利益不是彼此对立的，而是一致的”。[4]只有在共产主义社会里，我们才能够实现各尽所能，各取所用，人与人之间才能达到一种和谐美好的状态。在共产主义社会里，关于人和人、人和自然、人和社会的三个问题也会得到很好的解决，我们每个人会因他人的快乐而快乐。我们会做到人与自然友好相处，人人友善待人，共同和谐发展。在这样的情况下，人与人之间的矛盾得到彻底的解决，将会实现人的自由而又全面的发展。

二、友善作为马克思主义价值观的当代内涵

（一）传统友善价值观的内涵

1. 友善观凸显道德本质

我们所倡导的社会主义核心价值观分别是从国家层面、社会层面、个人层面对我们每个人做出了相应的要求。而作为个人层次的友善是最基础的，只有认真践行友善观，才能使得友善价值观与其他价值观之间彼此影响。而这些价值观的要求本身就体现出了一种友善，一种德，也就是说，我们遵循这些道德要求去做事，在做事的过程中不能违背自己的底线。

第一，友善观和道德之间有着密切的关联，道德起着必然的根底作用，而友善观是道德要求的局部的细化。也就是说，道德是一种基本的规范，明确社会在前进中人们应该遵循的品德要求。而友善观则是细化的一部分，是引导人类整个社会过程中向“善”的

部分。

第二，友善观从一定的角度体现了对于传统文化中仁爱之德的继承，传统的仁爱之德主要指的是儒家的仁爱思想，儒家的仁爱思想主要说的是亲人之间的爱，它本身具有必然的不足之处。而在友善观的内容不断完善之中，我们所提及的友善之爱应当是一种超越差等的广泛的爱。总而言之，友善观应当以道德为基本点，同时在此发展的过程中，不断丰富自己的理论内容，实现进一步的发展。

2. 友善观投射人文关怀

每一个人都具有独特的价值，在整个社会发展的过程中，人是我们最应该关心的主体。一方面，友善观与人文理念紧紧相连，我们提倡友善观就是为了使我们每个个体能够获得更好的发展，使我们每个人都能够完成自己的理想目标。友善观始终在为了满足人们的要求，不断地实现自我发展中起着一定的作用。另一方面，人文理念自始至终引导着友善观的发展倾向。友善观提倡人与人之间和谐相处，要尊重他人，学会体贴，谅解他人。只有人与人之间可以做到相互包容，相互鼓励，整个社会才能不断进步，越来越和谐。对人友善，对整个社会友善，个体本身才能够得到更好的发展。而且在这个过程中我们可以体会到对他人关怀的同时也可以获得相应的关怀。我们对他人友善，他人会感受到这份情意，反过来回馈我们，使我们感到身心愉快。总而言之，其意义和价值是我们一直以来所提倡的一种理念。

3. 友善观反映交往境界

人与人交往的过程中，待人礼貌是一种友善，不惜牺牲一切的利他也是一种友善。所以说友善观有非常丰富的内容值得我们去理解。友善的第一种层次是在整个社会中，我们对待他人很有礼貌，可以时刻理解他人，懂得尊重，愿意聆听他人的想法。比如，我们在课堂上，当同学回答问题的时候，即使自己有不一样的思考，也愿意听他人把话讲完，这就是尊重他人的一种态度，是一种友善的态度。而这只是停留在第一个层次上，表现为我们的一个微笑，一声赞美之中。友善的第二种层次是指我们愿意牺牲自己的一部分时间去帮助他人，比如，我们愿意牺牲自己的休息时间去帮助同学解答学习中的问题，在此过程中不计较自身的利益得失；我们愿意花费自己的时间去看望敬老院的老人，不求回报。也就是说，在此过程中，我们可以尽我们自己的力量去做一些对他人有意义的事情。这些小小的帮助，同样体现出了一种和谐的气氛。友善的第三种层次是指一种纯粹地为他人考虑的精神，在某一种特殊的情况下，我们不得已要在自己和他人或者集体之间做出选择，在这个时候我们可能在各种权衡之下会放弃个人的利益而考虑整个集体的利益。比如，在红军长征的过程中，我们的这些红军战士靠着坚定的理想信念一直跟随着大部队向前走，为了美好的明天，不顾自己的生死，坚定地做着战斗，在整个大局面前，为了他人，他们愿意放弃自己的生命，这样一种为了整个大局牺牲自我的精神让我们为之深深地感动。真正的友善观，其内涵应该不断地更新，不断地发展，把我们每个人内心的一种友善态度融入实际之中。

（二）新时代中国特色社会主义友善价值观的意蕴

新时代中国特色社会主义的友善价值观，是在对中国传统文化传承和发展的基础上所做的创造性的转化和创新性的发展。核心价值观的 24 个字分别从国家层面、社会层面、个人层面加以阐述，而作为个人层面的友善是最基础的，也是很重要的。

1. 健康共同体：延展身体与心灵的触情

自我友善对于我们每个人来说非常重要，生活在这个世界上，我们不仅仅要关注个人的身体健康，也要懂得关注个人的心理健康，只有两个都重视才能体现出我们对自己的友善。而对于整个国家来说，“人民健康是国家富强和民族昌盛的重要标志。要完善国民健康政策，为人民群众提供全方位全周期健康服务”[5]。这就说明了在整个国家发展的过程中，人民大众起着至关重要的作用，我们要关注人民大众的健康情况，有关的医疗保险、药品安全、健康饮食方面要进行大力地规范和整治。在快节奏的今天，我们可以深切地感受到，很多人在巨大的压力之下心理状况令人担忧。所以我们应该多关注人们的心理健康，因为只有具备良好的身体健康和心理健康才有助于我们个体的不断发展，随之每个个体的健康发展才会促进整个国家更好地发展。因而我们每个人都应该保护好我们的身体，照顾好我们的心灵，对自己友善，对自己负责。

2. 共筑中国梦：延展个人与社会的感情

马克思指出：“人的本质并不是单个人所固有的抽象物，在其现实性上它是一切社会关系的总和。”[6]从这里可以看出，我们每个人都不是作为独立的个人而存在，是与整个社会紧密相连的。在生活中与他人进行交流是不能避免的，我们不可能总是生活在自己的小王国里，那么在与对方进行交流，满足我们物质需要的同时，我们也应该追求精神需要。在以前，我们都是与家人邻里朋友进行交流，因为一定的熟悉度，我们会呈现出谦和的态度，使用礼貌的话语。

而随着整个社会的发展，我们的交往也不断地向外拓展，我们需要和陌生人打交道，在这个时候就需要我们保持应有的友善的态度，对人要举止文明，态度诚恳，与人为善。虽然我们每个个体的生活环境、经历和学识不同，但是只要我们用友善的态度对待别人，足以避开我们之间的不同点，寻找到我们之间的相同点。人与人之间的交往强调的是个体之间，而如果我们个体与个体之间都能够友善相处，那么我们整个社会也会处于一种和谐的氛围之中。在这样一种和谐的氛围之中，我们可以团结起来一起面对困难，一起完成我们的共同理想，促使中华民族朝着更好的方向继续发展。

3. 命运共同体：延展国内和国际的友情

当前的社会背景下，虽然我们还面临着各种各样阻碍全球化进程的问题，但是人类命运共同体的思想一直在不断地发展。随着全球化这个过程的加快，国家与国家之间的联系变得日益紧密，不管是在经济还是政治、文化方面，我们都在相互促进，相互学习。在与其他国家相处的时候，我们自身要把握好友善的态度，在国与国之间平等交流，和谐相处，积极地同各个国家开展友好的关系，增强同周边国家的联系，互帮互助。在新时代下，我们要进一步推动建立新型国际关系，还要把相互尊重、公平正义、合作共赢理念体现到政治、经济、安全、文化等对外合作的方方面面，推动构建人类命运共同体。[7]

4. 生命共同体：延展人类与自然的共情

美丽和谐的生态环境成了我们每个人生活当中所追求的一部分，人与自然的关系从古到今都是我们一直在强调的。过去我们为了发展经济，过度地开发自然，使得我们的自然环境受到了很大的破坏，而在今天人类逐渐认识到了，只有保护好我们的生态家园，才能有长久的发展。我们要把尊重自然、顺应自然、保护自然当作我们这一代人的责任。我们应该树立这样的理念，对自然友善也就是对我们自己的友善，要处理好人与自然的关系，因为只有保护好自然环境，我们才会有更好的明天。我们要“开展绿色家庭、绿色学校、绿色社区和绿色出行等行动”，在实际生活中践行友善理念。[8]

三、培育和践行马克思主义友善价值观的意义、要求和方式

(一) 培育和践行马克思主义友善价值观的意义

1. 有利于加强国际之间的互惠合作

友善，不仅仅是指对自己的家人、亲朋好友以及陌生人友善，更重要的是我们要建立国与国之间的命运共同体。当今世界各国之间的依存度日益上升，我们要致力于构建以合作共赢为核心的新型国际关系。树立国与国之间友善相待的观念，只有这样才能与各国建立友好的发展关系，才有助于推进大国之间的协调合作，实现互惠互利。在此过程中，我们要起好带头作用，承担起大国的责任，与邻为善，加强合作。

2. 有利于构建社会主义和谐社会

践行友善价值观，有助于形成社会和谐的氛围。而整个社会是由人所组成的，要想整个社会有次序而且和谐地发展，一方面我们要处理好社会中的人际关系，我们每个人因家庭经济条件、生活环境的差异，可能会形成不一样的世界观、人生观、价值观，那么我

们在一起交流的时候不可避免地会发生一些小小摩擦，这与我们个人的成长环境有非常大的关系，我们要学会处理这些矛盾和冲突；另一方面我们要懂得站在他人的立场去看问题，审视自己。只有这样我们之间才能够做到互相包容和理解，久而久之，这样的一种相处模式才会使得我们身边形成一种良好的氛围。当人与人之间的这种气氛达到良好的状态时，才会有助于建设社会主义和谐社会，有助于完成中华民族伟大复兴的中国梦。

3. 有利于个人生活质量的提高

培育和践行马克思主义友善价值观对于我们个人生活质量的提高有很重要的作用。首先，友善有助于个人良好性情的形成，如果我们在生活中能够对他人友善，那么我们会形成一种温和谦虚的态度，当我们遇到生活中的一些难题的时候，用一种友善的态度向他人进行征询，有助于问题的解决；其次，在工作中如果能够与同事友好和睦地相处，我们会收获同事的信任，使得我们与同事的关系更加融洽；最后，友善也会使我们身心愉快，帮助别人就是帮助自己，在生活中，当他人遇到问题向我们求助的时候，假如我们可以尽自己最大的力量协助他人解决问题，不仅仅会使他人感到高兴，我们自己也会感到身心愉快。比如，当我们在做志愿者的时候是抱着一颗不求回报的心去帮助他人，这种友善的行为会让我们感受到自己一点点微小的力量对他人的巨大作用，在这个过程中我们个人也会收获无形的财富。

（二）培育和践行马克思主义友善价值观的要求

1. 必须坚持社会主义意识形态的指导地位

友善价值观与社会主义意识形态有着密切的联系，友善价值观属于社会主义核心价值观中的一部分。社会主义核心价值观体现着意识形态的要求，意识形态是反映社会的经济关系、阶级关系的社会意识，主要包括政治法律思想、道德、艺术、宗教、哲学等。[9]而社会主义意识形态是指以历史唯物主义为世界观基础，反映无产阶级的根本经济政治利益的、自觉的、系统化的思想观念体系。[10]在目前多元化的社会中，我们一定要有自己明确的观点和态度。我们要坚定地反对淡化意识形态论，要保持高度警惕。另一方面，从局部来说，我们个体要正确地看待自身的价值追求，要有明确的目标，做事情要遵守自己最基本的原则。切记不要因为眼前的一些利益迷失了自己，要始终坚持社会主义的意识形态。

2. 必须坚持以人为本的理念

践行马克思主义友善价值观需要我们坚持以人为本的理念，强调人的主体地位。一种价值观的践行只有符合人民的价值追求、精神理念才能确保它继续下去。我们要明确我们所做的所有的工作最终都是为了人、依靠人、培养人。人民是历史的创造者，我们要把人民群众对美好生活的追求作为我们奋斗的方向，紧紧依靠人民来完成伟大事业。以人为本理念融合了中华民族上下五千年的传统的精髓。而坚持以人为本的理念的目的就是要实现个体更好的发展，使得个人可以认识到对别人的友善就是对自身友善。

3. 必须坚持以构建和谐社会为根本宗旨

践行友善行为对于提高个人的思想道德素质有一定的作用，同时对于建造社会主义和谐社会非常重要。第一，友善是化解矛盾的法宝，我们生活在这个世界上每天都要与许多的人去交谈，不可避免地会产生很多矛盾，比如，在地铁上我们不小心踩到了他人，那一抹及时的微笑加上一句“对不起”其实就可以化解这一切。第二，友善是沟通心灵的桥梁，一个人一时心存善念是寻常的，而一个人一辈子存有善念、与人为善是值得我们敬佩的。我们应该常存善念，对人友好，对己友爱。第三，友善是处理社会矛盾的润滑剂，整个市场经济的发展，社会各阶层之间的矛盾日益剧烈，我们应该鼓励一些企业家有一颗慈善的心态，帮助有困难的人，投身于回报整个社会。只有这样，我们才会使得整个社会营造出一种和谐的氛围，才能促使中华民族朝着更好的方向不断发展。

（三）培育和践行马克思主义友善价值观的方式

1. 加强友善价值观的教育

（1）开展家庭友善文化建设

首先，友善教育应该先以家庭为根底。家庭是我们生活时间最久的地方，家庭教育具有一定的基础性和普遍性。在家庭中，父母作为孩子的第一任老师，其言行举止对于孩子的影响是深远的，所以父母应该重视对于孩子的疏导教育。而如今在社会中出现了一种现象：有些父母比较看重对于孩子智力的教育，而疏忽了对于孩子友善品质的教育。我想这是值得我们反省的。试想一下，如果一个孩子从小没有学会友善待人，即使他的智商再高又有什么用呢？所以作为父母，不能一味地只看重孩子的学业成绩，而忽略了对孩子做人最基本的友善教育。一个孩子如果缺失这项与人为善的基本能力，那么他以后在生活中就很难处理好自己的心理问题，当他与他人发生一点小小的摩擦时，如果不能学会调节自己，不明白与人为善的道理，那么他就很容易大发脾气，甚至会做出过激的行为，不利于自身更好的发展。

其次，父母也要做到言传身教，通过自己的行为来潜移默化地引导孩子。比如，在日常生活中家长孝敬自己父母的方式孩子都会看在眼里，所以说要使你自己的孩子成为什么模样父母就要先变成什么模样。一方面家庭成员之间要做到互敬互爱，彼此帮助，互相鼓励，另一方面父母也要做到和邻里友好相处，友善待人。

（2）开展学校友善文化建设

在友善教育中，学校起到十分重要的作用。家长是孩子最初的启蒙人，而随着孩子的成长，在孩子受教育这一重要阶段，教师在其中也有着不可代替的作用。

首先，开展学校友善教育应该纠正学生的一些错误观念。有些学生一直认为语文、数学、英语等所谓的“主课”比较重要，而对于其他的课以“副科”来看待，尤其是思想品德课。这样的一种态度说明了有些同学不注重自身修养的提高，不注重友善理念的形成。我们应该让孩子意识到思想品德课的重要性。个人的思想品德恰恰是成就一个人的关键性因素。一个人如果思想品德不过关，那他即使有再强的能力，他自身的人品首先是不合格的，这不仅会影响他个人的生活，而且会影响到他之后的前途。从小学的思想品德课一直到大学的思政课，应该说都是非常重要的。我们应该依照习近平总书记所提出的要求，认真抓好高校的思政课，要多做关于友善、关于人的思想品德方面的教育。

其次，开展学校友善教育应该抓好高校的德育工作。从老师到学生都要高度地重视德育工作，现如今，虽然我们大部分高校都有辅导员，然而对这项工作重视程度不够，辅导员的主要工作应该是对学子们开展思想方面的教育疏通。但是目前的情况是辅导员还兼有许多其他的任务，所以有的时候对学生进行德育工作不到位。作为一名辅导员，一方面要从内心重视这项工作，看到做这项工作的意义，不断地学习，提高自己的理论水平，多与学生沟通，进行德育教育。另一方面，应该从自身做起，给学生做出应有的榜样，使得自己的一言一行能够对学生起到积极的示范作用。希望我们的学校教育能够给学生营造一个良好的环境。

（3）开展社会组织友善文化建设

在整个社会中有各种各样的正式组织，比如，政府、学校等，这些组织必然具有一定的计划性和目的性。所以在开展工作的时候会做好德育教育以及友善文化的教育。而非正式组织，它自身是因兴趣爱好发起的，所以它本身具有一定的松散性，并不具有明确的目的性，比如，学生社团、社区组织等。

在进行友善文化建设时，首先我们要加强正式组织的友善价值观教育，其次也要加强非正式组织的友善价值观教育。比如，大学里的学生社团就是一个小小的集体，在这个集体中我们在完成一定的任务的时候，也应该适时地进行友善价值观的教育。当我们举办一场活动的时候，如果发生小小的摩擦，需要我们进行友善教育来调解；再比如，在社区中，我们也会因为兴趣相投而参加一些活动，这也是一个小小的团队，在这个团队中，我们也要懂得相互理解，彼此帮助，一起前进。

2. 加强新闻媒体的舆论引导

社会主义的友善价值观能够成为国人的共识，与国家对新闻宣传与社会舆论引导的高度重视密切相关。[11] 当今社会，没有哪个地方不需要网络，网络与我们紧密相关，我们每天的生活基本上都离不开网络，在这个高速信息发展的时代，切实地利用好网络进行友善价值观的教育尤为重要。我们应该把受学生欢迎的网络环境利用起来。对于重大的问题要做好方向的引导，把自己身边的好人好事经过网络这个大平台传播出去，使得更多的人能够学习他们，促使共产主义道德风气的形成。

3. 加强传统友善文化的熏陶

友善是提高自身道德素质的内在要求。儒家思想提出“修身、齐家、治国、平天下”，这表明良好的道德修养是人生第一位的。[11] 清代有一个关于“六尺巷”故事，它讲述了清代有两个邻人争地建房，各不相让，其中有一人写信给在京城当官的兄长张英，要求其出面调解问题，但其兄长在来信中谈及，建房时我们应主动退让三尺给对方，不要伤害了邻里之间的友善关系。于是其弟为之动容，听从了兄长的劝告，主动退让了三尺给对方。没有想到的是对方后来也决定退让三尺之后再建造房子，两家从此和睦如初，“六尺巷”便成了永久流传的典故。从这个故事中我们能够看出，宽容友善是我们生活中的一种美德。中国古代有很多这样的故事，可以说从古到今我们一直在学习友善待人，友善待人并不仅仅是对自己的家人友善，也是对自己的左邻右舍，对不熟悉的人友善。在经济发展的今天，我们更应该学习传统的友善文化，提升自己的道德修养。

4. 加强当代友善示范行为的宣传

个人的友善行为体现出自身的素养。我们在生活中要时刻注意自己的言行举止。比如，公交车上的让座行为，过马路的时候遵守交通规则的行为等都能够体现出我们每一个人的修养。在现实的生活中有许许多多的友善的事例，比如说，有一个老人他常年靠着捡垃圾为生，一生过得非常清贫，却把自己辛辛苦苦苦挣的钱捐给了想要帮助的小学，这样的老人真的让我们很是敬佩，他对于孩子们的这份友善让我们甚为感动。还有许多数不清的让我们热泪盈眶的事情，我们在《朗读者》《感动中国十大人物》等节目中都可以看到。对于这种友善行为我们要加强宣传，使得人们从内心深处去认知友善，践行友善。

5. 加强践行友善法律制度的保障

加强践行友善法律制度的保障有助于友善价值观深入人心。很多人在遇到事情的时候首先想到的是会不会牵扯自身，使自己受到伤害？基于这方面的考虑使得他们不敢轻易地去行义举，做好事。所以我们有必要对于社会的部分体制进行完善，建立合理的道德回报机制，对于一些友善的行为给予鼓励并保护。只有建立合理的制度保护，乐于帮助他人的人才会越来越多，整个社会才会处于一种和谐的状态。

友善是社会主义核心价值观中最基本的道德品质之一，只有坚持了这一基本价值观，其他的价值观才会有坚实的基础，才不会陷入一种困境。友善在实际的生活中常常会被我们每个人轻而易举地谈起，殊不知它看似是生活当中最为普通的道理，但却是我们时常做不好、做不久的事情。我们做一件好事很容易，而我们要做一辈子好事恐怕没那么容易，所以要一辈子坚持友善还需要我们不断地加强自己的理论学习，同时在日常的生活中付诸实际。

我们每个人都在呼吁一个友善的社会，我们想要生活在这样的环境之中，希望看到的是人人和睦相处，乐于帮助他人。我们都渴望这个社会友善一点，而这个社会就是由我们每个人所组成的，只有当我们每个人做到友善待人，这个社会才会越来越好。本文对于友善的思考或许还有很多不足的地方，有关友善方面的一些细致问题的研究，我想还有很多。在今后我们要加强对于传统优秀道德品质的继承，同时在继承的基础上要不断地创新研究，只有这样我们才会有更进一步的新的发现。

参考文献

［1］王顺顺：《毛泽东友善思想论析》，载《毛泽东思想研究》，2017 年第 5 期。

［2］闫咏梅：《新时代中国特色社会主义友善观论析》，载《未来与发展》，2018 年第 6 期。

［3］蒋翠婷：《社会主义核心价值观主导性研究》，上海师范大学博士学位论文，2018 年 5 月。

［4］岳宗德：《毛泽东社会主义友善价值观思想探析》，载《马克思主义理论学科研究》，2018 年第 5 期。

［5］高珍珍：《社会主义核心价值观中“友善”内涵的认知及践行》，载《边疆经济与文化》，2017 年第 3 期。

［6］李建华：《友善何以成为一种核心价值观》，载《伦理学研究》，2013 年第 3 期。

［7］徐梓彦、黄明理：《友善核心价值观研究述评》，载《伦理学研究》，2019 年第 1 期。

［8］胡晓红、侯玉环：《十八大以来友善价值观研究综述》，载

《内蒙古师范大学学报（哲学社会科学版）》，2017 年第 1 期。

[9] 刘康冰：《社会主义核心价值观“友善”思想研究》，河北经贸大学硕士学位论文，2017 年 3 月。

[10] 赵亚萍：《大学生友善价值观培育困境及发展对策浅析》，载《教育现代化》，2019 年第 1 期。

[11] 白小玉：《友善作为社会主义核心价值观的哲学探析》，华南理工大学硕士学位论文，2016 年 5 月。